CÓMO ATRAER PROSPERIDAD

Una Guía para una Vida de Libertad Financiera: Eliminar las Deudas, Aumentar los Ingresos y Maximizar la Riqueza.

ORISON SWETT MARDEN

Traducción de
Marcela Allen Herrera

WISDOM COLLECTION

PUBLISHING HOUSE

Wisdom Collection LLC
McKinney. Texas 75070

www.wisdomcollection.com

Cómo Atraer Prosperidad -- Edición Revisada.
ISBN 978-1-63934-076-7

PRESENTACIÓN

Me complace entregar esta traducción de un tesoro literario que vio la luz en 1922 en los Estados Unidos. Este libro, escrito por Orison Swett Marden, una figura destacada del Movimiento del Nuevo Pensamiento, ha sido una fuente de inspiración para innumerables personas influyentes, tanto en épocas pasadas como en la actualidad. El autor nos brindó una filosofía de vida que perdura en el tiempo: 'Una persona puede convertirse en una víctima de sus circunstancias, o elegir elevarse por encima de ellas hacia una vida mejor'.

Este libro es una guía práctica para todos aquellos que deseen mejorar sus vidas y alcanzar prosperidad y plenitud. En sus páginas, encontrarás un conjunto de principios y herramientas que te transformarán; conocerás los secretos para desarrollar tus habilidades, aprovechar el poder de la mente subconsciente y cultivar una confianza inquebrantable en ti mismo. De manera concluyente, este libro demuestra que la prosperidad no es un sueño inalcanzable, sino un destino al alcance de todos.

Te invito a embarcarte en un viaje de autodescubrimiento y crecimiento personal que te llevará más allá de tus límites actuales. Este libro es tu mapa para llegar a la vida de abundancia que mereces. ¡Bienvenido a este emocionante viaje!

Tu amiga,
Marcela Allen Herrera.

CONTENIDOS

CAPÍTULO 1

CÓMO LIMITAMOS NUESTRO SUMINISTRO

Una persona continuará siendo indigente mientras mantenga la visión de un indigente.

¿Por qué ir por la vida exhibiendo los rasgos de un subordinado? Si realmente eres una persona íntegra, no sigas luciendo como un mendigo, no hables como un mendigo ni actúes como tal.

Solamente pensando en prosperidad y abundancia puedes manifestar una vida abundante y próspera.

Imponernos limitaciones a nosotros mismos es uno de los grandes errores de la humanidad.

La prosperidad fluye solamente a través de aquellos canales que están plenamente dispuestos a recibirla. La duda, el miedo y la falta de confianza obstruyen estos canales.

Una mente limitada conlleva un suministro igualmente limitado. Todo lo que recibimos en la vida pasa por la puerta de nuestro pensamiento. Si es estrecho, mezquino o negativo, lo que nos llegue será acorde a ello.

¿Qué pensarías de un príncipe, heredero de un reino de riqueza y poder ilimitado, que viviera como un mendigo, que fuera por el mundo lamentándose de su cruel destino, hablándole a los demás sobre su pobreza, asegurando que no creía que su padre le dejara alguna herencia y que debía resignarse a una vida llena de carencias? Sin duda, pensarías que estaba loco, y que sus difíciles circunstancias, su pobreza y limitaciones no eran reales, sino producto de su imaginación; que solo existían en su mente. Que su padre, en realidad, estaba dispuesto a concederle todo lo que su corazón deseara, si tan solo reconociera la verdad y viviera acorde a su estatus de príncipe, hijo y heredero de un gran rey.

Ahora bien, si estás viviendo en condiciones de pobreza, en un ambiente estrecho, apretado y limitado, donde no parece no haber esperanza ni perspectivas de cosas mejores; si, a pesar de tus esfuerzos, no consigues lo que deseas, entonces estás actuando con la misma necedad que el príncipe que, pensando que era pobre, vivía como un mendigo, ignorando la inmensa riqueza de su padre.

Tus limitaciones están en tu mente, igual que las del príncipe estaban en la suya. Eres el hijo de un Padre que ha creado riqueza y abundancia ilimitada para todos sus hijos. Sin embargo, tu pensamiento estrecho, limitado y empobrecido te aleja de toda esta abundancia y te mantiene en la pobreza. Hay un relato sobre un trabajador ruso llamado Mihok, que vivía en Omaha, Nebraska. Durante veinte años llevó en su bolsillo una "piedra de la suerte", sin imaginar su verdadero valor. Sus amigos, creyendo que era más que una piedra común, le sugirieron en numerosas ocasiones que la llevara a un joyero para examinarla. Él se negaba obstinadamente hasta que, finalmente, debido a tanta insistencia, envió la piedra a un joyero en Chicago. Este la identificó como un rubí "sangre de pichón", el más grande registrado hasta entonces, con un peso de veinticuatro quilates y un valor de ¡cien mil dólares!.

Existen millones de personas similares a este humilde trabajador: viven en la pobreza, convencidos de que para ellos no hay nada más que trabajo duro y más pobreza. Sin embargo, sin saberlo, llevan en su grandioso interior un potencial de riqueza que supera sus mayores sueños. Su pensamiento erróneo les está robando su herencia divina; cortando el abundante suministro provisto para ellos por la Fuente Omnipotente de toda riqueza.

La situación de muchos es comparable a la de un hombre que salió a regar su jardín, pero inadvertidamente pisó la manguera y cortó el flujo de agua. Tenía una manguera amplia, pero se sentía frustrado y desilusionado al recibir solo unas gotas. En realidad, tenía todo el derecho de esperar y tener un flujo abundante. El agua está disponible en abundancia en su fuente, dispuesta a satisfacer sus necesidades, pero la falla radicaba en el propio hombre, quien estaba estrechando su suministro, limitándolo a una miserable gota. Él estaba pisando la manguera y no lo sabía. Eso es literalmente lo que hacen todos los que viven en la pobreza. Ellos limitan su suministro al obstruir la manguera que debería brindarles abundancia; detienen el flujo de la opulencia, que les pertenece por derecho, a causa de sus inseguridades, temores e incredulidad. Se enfocan en la pobreza, la visualizan, piensan en ella y actúan como si nunca tuvieran la expectativa de poseer, alcanzar o convertirse en algo más.

Todo en la vida del individuo, así como en el universo de Dios, está basado en principios, se rige por una ley divina. La ley de la prosperidad y la abundancia es tan precisa como la ley de gravedad y tan infalible como los principios de las matemáticas. Es una ley mental. Solo mediante el pensamiento de abundancia podemos manifestar esa vida próspera que nos corresponde. En resumen, conforme a nuestros pensamientos, así será nuestra vida, ya sea de abundancia o carencia.

La actitud que adoptes en tu mente siempre se reflejará en tu realidad. Una mentalidad empobrecida atraerá condiciones de pobreza. Somos el producto de nuestras creencias. No podemos ir más allá de lo que creemos ser o tener. Por lo tanto, si consideramos que nunca seremos tan competentes o admirados como otros, o que no alcanzaremos el éxito en nuestra profesión, efectivamente, no lo lograremos. Si estamos convencidos de que siempre seremos pobres, entonces esa será nuestra realidad. No puedes salir de la pobreza si no crees que es posible. Muchas personas que hoy viven sumidas en la pobreza, realmente no esperan más de la vida. Su firme creencia de que nunca prosperarán les retiene en esa situación. Esta mentalidad negativa impide que la mente cree o produzca. Solo una mentalidad positiva puede generar prosperidad. La mentalidad negativa es estéril, no produce; solo puede obstaculizar y evitar que lleguen a nosotros las bendiciones que anhelamos.

No es simplemente lo que haces con tus manos lo que importa, sino lo que haces con tu mente. Todo logro, ya sea manual o intelectual, tuvo su nacimiento en la mente. El universo es la creación de la Mente Divina. Un trabajador esforzado, que anhela prosperidad, pero que mentalmente se dirige en la otra dirección, es decir, alberga dudas sobre su éxito, en realidad está neutralizando su duro trabajo con su pensamiento negativo y destructivo; está pisando la manguera que conecta con su suministro. Cuando te limitas en tu pensamiento, te limitas externamente de una manera correspondiente a tu actitud mental, pues estás obedeciendo una ley inmutable.

El individuo que dona solo una moneda en la caja de contribución, no solo demuestra ser tacaño y estrecho en sus asuntos financieros, sino que su cara, todo su ser, irradia tensión, preocupación y fatiga. Siempre está ahorrando centavos, cuidando pequeñas cosas y nunca haciendo grandes cosas. No importa cuánta habilidad natural tenga, su pensamiento estrecho, limitado y empobrecido lo empequeñece y corta su flujo de suministro. No aspira a grandes logros porque su mente no concibe grandes posibilidades. Su distorsionada mente admitirá solo un estrecho suministro, en lugar del gran flujo que está literalmente a su disposición. Debido a que no hemos aprendido a utilizar las fuerzas de nuestro pensamiento, muchos de nosotros vivimos carentes, sin reconocer la abundante herencia que nos dejó nuestro Padre, que es Todo-Abundancia, Todo-Bondad. Nuestro pensamiento limitado estrecha nuestro suministro.

A menudo nos preguntamos por qué ciertas personas, que aparentemente no están en mejores circunstancias que nosotros, logran obtener cosas mucho mejores. Siempre parecen acceder a lo mejor; nunca los vemos usando cosas baratas, tampoco vemos objetos baratos en sus casas ni experimentan restricciones de ningún tipo. Adquieren la mejor comida, las mejores frutas y verduras del mercado, y todo lo demás sigue esa línea. Al comparar nuestros gastos con los suyos, a veces los tildamos de derrochadores y nos enorgullece pensar que estamos economizando y ahorrando, mientras que ellos desperdician. Pero, ¿estamos realmente ahorrando de manera inteligente? ¿Nuestro estilo de vida, bienestar y felicidad se comparan favorablemente con los suyos? ¿Compensan esos pocos dólares que ahorramos las privaciones que sufrimos: falta de buena comida, ropa adecuada, pequeños viajes, actividades sociales, picnics y todas esas variadas diversiones que hacen la vida más agradable y saludable y, sobre todo, mucho más productiva en comparación con aquellos vecinos cuya extravagancia condenamos? De hecho, nuestra política de economía estrecha al final podría dejarnos más desfavorecidos. La prosperidad fluye solo a través de canales que están adecuadamente abiertos para recibirla. No fluye a través de canales apretados por el pensamiento de pobreza, desánimo, duda o temor, o por una política de visión estrecha. Un gasto generoso es, a menudo, la economía más sabia, lo único que conduce a un éxito más generoso.

Si un gran fabricante como Henry Ford, un destacado comerciante como John Wanamaker, un renombrado gerente de ferrocarril u otro empresario, perdiera su amplia visión y perspectiva y comenzara a reducir los gastos esenciales, reemplazando productos de calidad por inferiores, o sacrificando el talento y el servicio de sus empleados, y cambiara su política amplia y generosa por una restrictiva y mezquina, pronto vería su negocio reduciéndose a la nada. El principio de la ley del suministro no cambia. Sin importar tu negocio, profesión, ocupación o circunstancias, tu actitud mental determinará tu éxito o tu fracaso. Una mente limitada conduce a un suministro limitado. Es como si intentaras acceder a la vasta fuente del suministro con una canica, esperando a cambio obtener abundancia. Esto es simplemente imposible. Tu actitud mental determinará cuál será tu suministro.

CAPÍTULO 2

LA LEY DE ATRACCIÓN

Por la ley de la afinidad, debes entender que lo que deseas siempre te está buscando, siempre y cuando lo busques con todas tus fuerzas y no lo alejes con tus dudas.

John Burroughs lo expresó bellamente al decir: "Ya no me quejo contra el Tiempo o el Destino, pues lo que es mío vendrá a mí. Dormido o despierto, de noche o de día, los amigos que busco también me buscan".

¿Qué más da si me encuentro solo? Espero con alegría los años venideros. Mi corazón cosechará donde ha sembrado. Lo que es mío reconocerá mi rostro.

Ni el tiempo, ni el espacio, ni la profundidad, ni la altura pueden alejar de mí lo que me pertenece.

No estaba previsto que los hijos de Dios carecieran de algo. Vivimos en el regazo mismo de la abundancia; hay abundancia de todo a nuestro alrededor. El vasto universo cósmico está lleno de toda clase de cosas bellas y maravillosas, riquezas gloriosas, dispuestas para nuestro uso y disfrute. La gran Inteligencia creativa nos brinda todo lo que el corazón humano puede desear.

De este inmenso océano de inteligencia podemos obtener todo lo que deseamos, solo debemos obedecer la ley de atracción, que establece que los iguales se atraen.

La atracción de la prosperidad y la abundancia no depende solo del pequeño cerebro del individuo o de sus propios esfuerzos individuales. Se trata de hacer de tu mente un imán para atraer las cosas que deseas. Todo lo que tiene la humanidad para disfrutar, ha sido atraído del gran océano de inteligencia siguiendo una ley. Todos los inventos, descubrimientos y las maravillosas construcciones de la civilización, nuestros hospitales, escuelas, iglesias, bibliotecas y demás instituciones, nuestros hogares con sus comodidades y lujos, han sido atraídos de esta gran bodega cósmica de inteligencia por esa misma ley.

Se pretendía que nuestros anhelos, aspiraciones y legítimos deseos fueran satisfechos y que nuestros sueños se hicieran realidad. Sin embargo, nuestra ignorancia de la ley que debe acercarnos a lo que deseamos es lo que lo impide.

Cuando eras niño y experimentabas con tu pequeño imán de acero, ¿no intentaste alguna vez hacer que atrajera madera, cobre, caucho o alguna otra sustancia diferente de sí mismo? Y, por supuesto, descubriste que no lo hacía, porque no tenía afinidad por cosas que no fueran similares a él. Descubriste que podía recoger una aguja, pero no un mondadientes. En otras palabras, demostraste la ley de que "los iguales se atraen". No hay día en que no veamos esta ley manifestarse en diferentes formas en la vida humana. Algunas veces, las manifestaciones son verdaderamente trágicas. Hace poco, una niña de ocho años, hija de un granjero de Pensilvania, falleció de un profundo susto en la silla del dentista, donde fue colocada para extraerle un diente. Aunque la niña desconocía la ley, esta operó de todos modos y, al igual que Job, lo que temía le sobrevino. Por la operación de esta misma ley que nos puede atraer enfermedad y muerte, también atraemos hacia nosotros la pobreza o la opulencia, el éxito o el fracaso.

La mente, en cualquier momento determinado, actúa como un imán para algo. Se convierte en un imán para cualquier pensamiento o convicción que predomine en ese instante. Lo maravilloso y glorioso de esto es que podemos determinar qué atraerá la mente, en qué tipo de imán se convertirá. Sin embargo, es posible atraer hacia ti aquello que no te beneficia, lo que puede condenarte o causarte dolor y humillación. Al concentrarte y trabajar en ello, te conviertes en un especialista en esa línea y la ley de la atracción lo acercará a ti. Si mantienes una actitud mental orientada a la prosperidad y posees una fe inquebrantable de que superarás la pobreza y manifestarás abundancia, y trabajas de manera inteligente y persistente para hacer realidad tu visión, lo lograrás. Esa es la ley. Al obedecerla, obtendrás resultados positivos.

Si pudiéramos visualizar cómo los procesos mentales, basados en lo que mantenemos en nuestra mente, atraen aquello que se alinea con nuestro pensamiento, lo entenderíamos Si fuéramos capaces de ver fracasos, malas decisiones comerciales, deudas y pérdidas acercándose a nosotros debido a que hemos contactado estas cosas en nuestro pensamiento, rápidamente cambiaríamos nuestra forma de pensar. Dejaríamos de preocuparnos por aquello que no deseamos para centrarnos en lo que sí queremos, atrayendo más abundancia y no escasez, prosperidad en lugar de fracaso.

Con demasiada frecuencia hacemos de nuestra mente un imán para atraer todo tipo de pensamientos enemigos: pensamientos de pobreza, enfermedad, miedo y preocupación. Sin embargo, esperamos que, de alguna manera, se produzca un milagro y que de estas actitudes negativas surjan resultados positivos. No hay milagro que pueda generar ese cambio. Los resultados reflejan las causas. Para ser vencidos por la pobreza, primero debemos sentirnos pobres mentalmente. El pensamiento de pobreza, la aceptación de un entorno empobrecido como una condición inevitable de la que no puedes escapar, te mantiene en la corriente de la pobreza y atrae más pobreza hacia ti. Es la operación de la misma ley que atrae las cosas buenas, un mejor entorno a aquellos que piensan en abundancia y prosperidad, quienes están convencidos de que van a estar bien y trabajan con confianza, con optimismo hacia ese objetivo.

La ley de atracción no nos trae aquello que más deseamos o anhelamos, sino lo nuestro, lo que constantemente habita en nuestros pensamientos y domina nuestra mente, nuestra actitud mental, eso es lo que nos trae. Es posible que esta ley nos haya traído situaciones o cosas que detestamos y deseamos eliminar, pero al centrarnos en ellas, se convierten en el molde mental y los procesos de la vida las construyen en nuestras vidas. La ley de atracción, en ocasiones, puede traernos odiosos compañeros de cama, pero han estado viviendo tanto tiempo en nuestras mentes, que deben convertirse en parte de nuestras vidas por la simple ley de que los semejantes se atraen. Muchos de nosotros, hasta hace poco, no comprendíamos plenamente lo que Job quería expresar cuando dijo: "Todo lo que yo temía, lo que más miedo me causaba, ha caído sobre mí" (Job 3:25). Pero ahora entendemos que aludía a una ley psicológica tan certera como las leyes matemáticas. Reconocemos que aquello que tememos intensamente, lo que nos horroriza y queremos evitar, es justamente lo que atraemos a causa de nuestro miedo. Al anticipar estas situaciones y visualizarlas, las estamos atrayendo hacia nosotros, y al hacerlo, damos la espalda a las cosas que más anhelamos. Llegará el momento en que la ley de la atracción será reconocida como la fuerza más poderosa de la creación. Esta es la ley sobre la cual se construyen todos los éxitos, todos los caracteres y todas las vidas. La atracción mental es el único poder con el cual podemos construir exitosamente.

Es un principio ineludible e inexorable: todo atrae hacia sí lo que es semejante a sí mismo. Todas las afinidades tienden a unirse. Cuando conviertes tu mente en un imán, atraerá de acuerdo con su calidad, de acuerdo con tu visión mental, tus pensamientos, tus motivos, tu actitud predominante. La expresión "El dinero atrae el dinero" es simplemente otra forma de enunciar la ley, "los semejantes se atraen".

Las clases prósperas piensan en la prosperidad, creen en ella y trabajan por ella. No dudan, ni por un momento, de su derecho a tener todo el dinero y todas las cosas buenas que necesitan y, naturalmente, las consiguen. Están cumpliendo con la letra y el espíritu de la ley de la atracción. Figuras como Rockefeller o Schwab emplearon esta ley de forma magistral para acumular sus fortunas. El vendedor de periódicos emplea la misma ley, primero al vender sus diarios, luego al administrar un puesto de periódicos, y escalando gradualmente a la alcaldía de su ciudad o pueblo. Todos utilizamos esta ley de atracción, sin importar si la conocemos o no. La usamos en cada momento de nuestras vidas.

Muchas personas se preguntan por qué individuos maliciosos, corruptos o viciosos logran éxito en los negocios y acumulan fortunas, mientras que personas buenas y correctas no parecen avanzar. Estos últimos no parecen tener la habilidad de acumular riqueza, pareciera que las cosas buenas no llegan a ellos, si hacen una inversión, casi siempre pierden; compran en el mercado equivocado o venden en el mercado equivocado. Ahora bien, la capacidad de una persona para ganar dinero no está necesariamente ligada a su moralidad, aunque, por supuesto, la honestidad es siempre la mejor política de negocio. Es más una cuestión de entender y aplicar la ley de acumulación, la ley de que los semejantes se atraen. Una persona malvada puede

11

obedecer la ley de la acumulación, la ley de atracción, y acumular una gran fortuna. Si es honesta, sus otros defectos e inmoralidades, sus vicios, no impedirán el funcionamiento de la ley. La ley es amoral: no es moral, ni es inmoral. Muchas personas atraen cosas equivocadas porque no conocen la ley. Nunca aprendieron que el gran secreto de la salud, la felicidad y el éxito radica en mantener la actitud mental que construye y edifica, la actitud mental que atrae hacia nosotros las cosas buenas que deseamos. Nunca han aprendido la diferencia entre construir y derribar pensamientos; la diferencia entre pensamientos de éxito y fracaso. De hecho, no saben que todo lo que nos llega en la vida, en nuestras tareas, grandes o pequeñas, está directamente influenciado por la naturaleza de nuestros pensamientos.

Podemos atraer lo que deseamos tan fácilmente como lo que odiamos y despreciamos, aquello que anhelamos que desaparezca. Es simplemente una cuestión a mantener una imagen clara de ello en nuestra mente. Esa imagen es el modelo sobre el cual los procesos de la vida construirán en nuestro entorno y que finalmente manifestaremos. Lo semejante atrae lo semejante: el fracaso atrae más fracaso, la pobreza más pobreza. El odio atrae más odio, la envidia más envidia, los celos más celos y la maldad más maldad. Todo tiene poder para atraer su especie. El sentimiento de celos u odio es como una semilla sembrada en el gran suelo cósmico que nos rodea, y las leyes eternas nos devolverán una cosecha de la misma naturaleza. Cosechamos lo que sembramos, al igual que la tierra nos devuelve exactamente lo que ponemos en ella. Nada puede generar algo distinto a sí mismo. No hay excepciones a esta regla. La ley no puede compadecerse o ayudarte si te rompes un hueso o te lesionas, al igual que la ley de electricidad no puede ayudarte si la utilizas incorrectamente. Te matará si infringes la ley. Pensar y preocuparnos constantemente por aquello que no deseamos o temer su llegada, es prácticamente invitarlo. Pues cada impresión se convierte, o tiende a convertirse, en una realidad, a menos que esa impresión sea neutralizada por su opuesto. Si pensamos demasiado acerca de nuestras pérdidas o nuestro posible fracaso, es probable que nos conduzcan precisamente hacia lo que queremos evitar.

En cada aspecto observamos esta ley de atracción entre semejantes, ejemplificado en las vidas de multitudes empobrecidas. Estas personas, por desconocimiento de la ley, persisten en su lamentable situación, saturando sus mentes con la idea de la pobreza. Piensan, actúan y hablan constantemente sobre la carencia, viviendo con la creencia de que su estado es inalterable, y se hallan constantemente en un estado de temor y preocupación. Desconocen, porque nadie les ha dicho, que al visualizar constantemente al lobo hambriento en la puerta y el hospicio ante ellos, al esperar solamente carencia, pobreza y adversidades, se encaminan precisamente hacia estas cosas, hacen que sea imposible que la prosperidad vaya en su dirección. Para atraer la prosperidad y alejar la pobreza es esencial trabajar en armonía con la ley, en lugar de ir contra ella.

Esperar prosperidad, creer firmemente en tu éxito futuro y sentir que ya es una realidad, independientemente de las circunstancias actuales, constituye el primer requisito para materializar tus deseos. No puedes obtenerlo con dudas o temores. Todo aquello que visualicemos y por lo cual nos esforcemos, lo conseguiremos. Aquello que con frecuencia visualizamos y en lo que constantemente pensamos, se va integrando en el tejido de nuestra existencia, formando parte esencial de nosotros y potenciando nuestra capacidad mental para atraerlo. Independientemente de si se trata de temores que buscamos evitar o de metas que deseamos alcanzar, al mantenerlos en nuestra mente aumentamos nuestra afinidad por ellas e inevitablemente las atraemos a nuestras vidas.

Es curioso observar cómo muchas personas creen que para convertirse en experto en cualquier actividad, ya sea en negocios o en una profesión, es necesario pasar años en formación, pero consideran que la prosperidad depende en gran medida de la suerte o el destino, y que nada de lo que hagan puede influir en ella. Argumentan: "Bueno, simplemente no estoy hecho para eso. No tengo el don natural para generar dinero y probablemente nunca lo tenga". Otros se justifican sosteniendo que ni sus padres ni sus ancestros fueron particularmente prósperos y que simplemente se ganaban la vida. La prosperidad no es más misteriosa que la eficiencia en el ámbito legal o la maestría en leyes o medicina. Lograrla es estrictamente una cuestión de concentración y preparación; se trata de enfocar todos nuestros poderes en la ley de prosperidad para atraerla y hacernos expertos en alcanzarla.

La ley de la prosperidad, o de la opulencia, es tan precisa como la ley de la gravitación y opera con la misma certeza. Su primer principio es mental. La riqueza se crea primero en la mente; se visualiza antes que se convierta en realidad. Si deseas atraer éxito, inunda tu mente con la idea de éxito. Cultiva una mentalidad que atraiga el éxito. Cuando piensas, actúas, vives y hablas sobre éxito, entonces lo estás atrayendo.

Una vez que entendamos plenamente esta ley de atracción, tendremos cuidado de atraer a nuestros enemigos, contactarlos a través de nuestra mente, pensar en ellos, preocuparnos por ellos o temerles. En su lugar, tendremos el tipo de pensamientos que atraerán las cosas que anhelamos y buscamos, no las que tememos, despreciamos y tratamos de evitar. Es tan fácil atraer lo que quieres como atraer lo que no quieres. Es solo cuestión de mantener el pensamiento correcto y hacer el esfuerzo correcto.

La ley de atracción es infalible, al igual que la ley de la gravitación o las leyes matemáticas.

CAPÍTULO 3

NO DESVÍES LA PROSPERIDAD

Mientras mantengas el pensamiento del hospicio, te estás dirigiendo hacia él. Un pensamiento limitado y mezquino significa un suministro igualmente limitado y mezquino.

El individuo que siembra pensamientos de fracaso, de pobreza, no puede cosechar éxitos ni recoger prosperidad, de la misma manera que un agricultor no puede obtener una cosecha de trigo si siembra cardos.

No importa cuán duro trabajes, si tu mente está impregnada de pensamientos de pobreza, de imágenes de escasez, estarás repeliendo lo que buscas.

Deja de pensar en los problemas si quieres atraer soluciones; deja de pensar en la pobreza si deseas atraer abundancia.

Rehúsa involucrarte con aquello que temes, con lo que no deseas. Estás dudando y mirando hacia el lado equivocado, mirando desde una perspectiva negativa, deprimente y sin esperanza, lo cual aniquila el esfuerzo y paraliza la ambición.

Un hombre me contó una vez que si tuviera la certeza de no tener que ir nunca a un asilo y de contar con lo suficiente para mantener a su familia, se sentiría completamente satisfecho. Aseguró que no aspiraba a una vida de lujos, sino que se conformaba con una vida simple; siempre había sido pobre y esperaba seguir así, ya que su familia también había sido de escasos recursos. A pesar de ser un gran trabajador, esa actitud mental, la constante expectativa de pobreza y la convicción de que siempre viviría así, le impedía alcanzar la prosperidad. No esperaba la prosperidad, por lo tanto, no podía atraer aquello que no esperaba. Solo quería arreglárselas bien, porque eso era todo lo que esperaba conseguir.

Una de las principales razones por las que tantas personas llevan vidas limitadas, mezquinas y empobrecidas es su actitud mental negativa. Las dudas, miedos y preocupaciones, junto con la falta de fe, son imanes para estas condiciones adversas.

Las escrituras nos dicen que "la ruina de los pobres es su pobreza". Esto se refiere a su pensamiento de pobreza, su convicción y expectativa de carencia, esa perspectiva desesperanzada aleja la prosperidad. El aspecto más perjudicial de la pobreza es el pensamiento de pobreza, la creencia en ella. Miles de personas no esperan jamás vivir cómodamente, mucho menos disfrutar de los lujos y refinamientos de la vida. Ellos anticipan la pobreza y no entienden que esta expectativa fortalece el poder de su imán mental para atraer la necesidad y la limitación, a pesar de sus esfuerzos por evitarla; porque invariablemente nos movemos en dirección a nuestras expectativas y convicciones.

La pobreza tiene su origen en la mente. La mayoría de las personas en situación de pobreza permanecen en esa condición porque son, en primer lugar, indigentes mentales. No albergan la creencia de que algún día serán prósperos. Su constante tendencia de pensamiento y su convicción inamovible es que están destinados a la adversidad; nacieron pobres y asumen que siempre lo serán. Si visitas los barrios más desfavorecidos, encontrarás a sus habitantes constantemente hablando de pobreza, lamentando su destino, su mala suerte, la crueldad y la injusticia de la sociedad. Te explicarán cómo son aplastados por las clases altas, oprimidos por sus codiciosos empleadores, o por un sistema que consideran inmutable. Se ven a sí mismos como víctimas, en lugar de triunfadores, como derrotados, en lugar de conquistadores. El gran problema con la mayoría de las personas que no logran sus metas es que enfrentan la vida de la manera equivocada. No comprenden el inmenso poder que tiene la actitud mental habitual en la formación y en la creación de las condiciones de vida.

Es realmente lamentable ver cómo la gente se esclaviza a sí misma, tratando de salir adelante, pero continuamente se alejan de las oportunidades que podrían encontrarse en su camino, debido a su convicción de que el mundo no tiene mucho que ofrecerles; nada más que una vida modesta, y eso en el mejor de los casos. En realidad, están alejando las mismas cosas que podrían recibir abundantemente si mantuvieran la actitud mental adecuada. Observamos en todos los ámbitos de la vida a hombres y mujeres alejando las cosas que desean. La mayoría de las personas piensa en lo que no quiere. Van por la vida tratando de construir una existencia feliz, próspera y saludable a partir de un pensamiento negativo y destructivo, neutralizando así el fruto de su esfuerzo. Se sumergen en preocupaciones, temores y envidias, en pensamientos de rencor y venganza, y habitualmente mantienen una actitud mental que destruye la salud, el progreso y la potencialidad creativa. Sus vidas están dirigidas en un tono menor. En su pensamiento y su conversación, siempre hay una tendencia hacia abajo.

Nueve de cada diez personas que se lamentan de su pobreza y fracaso están encaminadas en la dirección opuesta a la deseada, alejándose de la condición o las cosas que anhelan. Lo que necesitan es dar la vuelta para que puedan mirar su objetivo en lugar de darle la espalda con su pensamiento destructivo e ir en la dirección contraria. Personalidades como Morgan, Wanamaker, Marshall Field y Schwab pensaron en la prosperidad y la consiguieron. Ellos no anticiparon la pobreza ni el fracaso; sabían que serían prósperos y exitosos porque habían eliminado todas las dudas de sus mentes.

La duda es el factor que destruye el éxito, del mismo modo que el miedo al fracaso destruye la prosperidad. Todo es mental primero, ya sea el fracaso o el éxito. Todo pasa a través de nuestra conciencia antes de que sea una realidad. Muchas personas que trabajan duro y hacen todo lo posible por progresar, se sorprenderían si pudieran ver una imagen mental de sí mismos dirigiéndose hacia el hospicio. De hecho, lo están haciendo a través de sus pensamientos. No se dan cuenta de que, por una ley ineludible, se están moviendo en dirección a su imagen mental, al continuamente pensar y hablar de la pobreza, y sugerirlo a través de su vestimenta descuidada, su apariencia personal y su entorno. Pronostican una vida de escasez, creyendo que siempre serán pobres, sin importar cuán duro puedan trabajar. Ignoran que sus dudas, miedos y profundas convicciones de pobreza les hacen inalcanzable la prosperidad. Desconocen que mientras alberguen tales pensamientos, jamás podrán encaminarse hacia la meta de la abundancia.

La suma total de nuestra vida es el reflejo de aquello en lo que nos hemos concentrado. Ya sea pobreza o riqueza, éxito o fracaso, prosperidad o carencia, si hemos ocupado nuestra mente con alguno de estos estados, si hemos centrado nuestra atención en ellos, eso es exactamente lo que veremos incorporado en nuestra vida. Lo que posees, amigo mío, lo que te rodea, es una reproducción de tu pensamiento, tu fe, tu creencia en tus esfuerzos; es aquello de lo que has sido consciente. Nuestros pensamientos, nuestra fe, nuestras creencias, nuestros esfuerzos, todo se materializa y se manifiesta en nuestro entorno. Nuestras palabras se materializan y viven con nosotros; nuestros pensamientos, nuestras emociones, también se materializan y viven con nosotros; se convierten en nuestro entorno y nos rodean. La única forma de escapar de la pobreza es dándole la espalda. Empieza por eliminar de tu mente el pensamiento y el temor a la pobreza. Asume, tanto como te sea posible, una apariencia de prosperidad; visualiza el camino que deseas recorrer; espera conseguir lo que buscas, lo que anhelas, y lo conseguirás. Mental y físicamente, en tu vestimenta, en tu entorno, en tu hogar, en tu comportamiento, elimina, tanto como puedas, todas las señales de pobreza. Afirma, como Walt Whitman: "Yo mismo soy la fortuna". No permitas la despreocupación en tu hogar, ni el aspecto andrajoso en tus hijos o tu pareja, pues son una representación negativa de ti.

El miedo a la pobreza es el mayor poder; es eso lo que le confiere su dominio sobre las masas. Libérate de ese miedo, amigo mío. Permite que el pensamiento de prosperidad reemplace el pensamiento de pobreza y el miedo a la pobreza en tu mente. Si has tenido infortunios, no propagues tu desánimo. Péinate, prepárate, vístete bien, límpiate y, sobre todo, levanta la mirada y eleva tus pensamientos. Arregla tu hogar, por humilde que sea. Recuerda que una corriente de abundancia no fluirá hacia un pensamiento saturado de pobreza. Un pensamiento estrecho y limitado significa un suministro limitado.

Pensar en la abundancia, en la opulencia, y desafiar las limitaciones, abrirá tu mente y dirigirá las corrientes de pensamiento hacia un suministro mucho mayor. Si todas las personas que viven en la pobreza dejaran de enfocarse en ella, dejaran de habitar en mentalmente en la pobreza, preocupándose por ella y temiéndole; si erradicaran el pensamiento de pobreza de sus mentes; si cortaran todo vínculo mental con la pobreza y la sustituyeran por el pensamiento opulento, el pensamiento de prosperidad, con la actitud mental que mira hacia la prosperidad, el cambio en su condición sería sorprendente. El Creador no hizo a nadie para que fuera pobre. Nada en la naturaleza humana está predestinado a la miseria y a la penuria. El ser humano fue creado para la prosperidad, la felicidad y el éxito. No fue hecho para sufrir, como tampoco fue creado para volverse loco o ser un criminal.

Miles de personas han transformado sus vidas, pasando de la pobreza a la prosperidad, al comprender ese gran principio fundamental: tendemos a manifestar en la vida aquello que mantenemos persistentemente en nuestros pensamientos y por lo cual luchamos vigorosamente. No es suficiente con albergar pensamientos constructivos y creativos solo ocasionalmente o cuando te sientas inspirado; esto no contrarrestará el efecto de sostener pensamientos destructivos la mayor parte del tiempo. Muchas personas que realizan un tratamiento para la prosperidad y la opulencia, persisten en albergar pensamientos de escasez y necesidad; por eso sus plegarias parecen no tener respuesta. Consiguen todo lo contrario porque ese es el pensamiento, la expectativa, que predomina en la mente. Nuestra convicción es mucho más fuerte que nuestra fuerza de voluntad. Ninguna fuerza de voluntad puede ayudarte a hacer algo cuando estás convencido de que no puedes. Por ejemplo, si estás convencido de padecer una enfermedad hereditaria y fatal, este pensamiento será muchísimo más poderoso que tu voluntad para evitarlo. No podemos escapar de nuestras convicciones; están arraigadas en la mente, integradas en la vida y el carácter. Si estás convencido de que siempre serás pobre, que la prosperidad no está en tu destino, no importa cuánto trabajes, tus convicciones triunfarán y vivirás y morirás en la miseria.

Un individuo nunca será más que un mendigo mientras tenga pensamientos de miseria. Si estás viviendo en el pensamiento de limitación, la convicción de la carencia y la necesidad, el miedo a la pobreza, la creencia de que nunca podrás prosperar, te estás abatiendo a ti mismo y obstaculizando tu propio progreso. Estás sembrando semillas que deben producir una cosecha semejante. Del mismo modo que un niño no puede esperar cosechar trigo donde ha sembrado avena silvestre, tú no puedes esperar prosperidad si tu mente está saturada de pensamientos de pobreza, escasez y limitación. Si tienes pensamientos empobrecidos, si tu mente está repleta de pensamientos limitantes, debes esperar una cosecha correspondiente, y la obtendrás, lo esperes o no.

En mi juventud, me resultaba difícil comprender una afirmación de la Biblia que decía: "Al que tiene, se le dará". Me parecía profundamente injusto y no lograba conciliarlo con los principios bíblicos. Pero ahora sé que ilustra una ley universal. "Al que tiene se le dará", porque al obtener lo que ya posee, ha convertido su mente en un imán para atraer aún más. Por el contrario, "al que tiene poco, aun lo que tiene se le quitará", ya que mentalmente se está moviendo en la dirección contraria. Está bloqueando las vías de suministro con sus pequeños pensamientos, sus dudas y miedos. No está en una disposición mental para recibir más, para atraer más. Si deseas manifestar prosperidad, debes pensar en prosperidad; debes mantener tu mente completamente dirigida hacia la prosperidad; debes impregnar tu mente con la idea, al igual que un estudiante de leyes debe impregnar su mente con la ley, pensar en ella, leerla, hablar de ella, rodearse de abogados y sumergirse en un entorno jurídico para tener éxito en su carrera. Se pretendía que tuviéramos abundancia de las cosas buenas del universo. Nada nos es negado salvo por nuestra propia mentalidad empobrecida. Así como los peces en el vasto océano tienen abundancia de agua y alimento, así también existe una abundancia de todo lo que el corazón humano pueda desear. Los peces viven en un mar de abundancia, así como nosotros existimos en un vasto océano cósmico repleto de todo lo necesario. Lo único que se requiere es abrir nuestras mentes, fortalecer nuestra fe y nuestra confianza en esa realidad, y aplicar nuestro esfuerzo de manera inteligente para acceder a toda la bondad que existe, para alcanzar todo aquello que necesitamos y anhelamos.

CAPÍTULO 4

ESTABLECIENDO LA CONCIENCIA CREATIVA

El inicio de cada logro debe estar en tu conciencia.

Poseemos poder ilimitado, recursos ilimitados, en el gran interior, pero solo al tomar conciencia de este poder oculto podremos utilizar esos recursos invisibles.

La conciencia de Poder engendra Poder. Aquello de lo que somos conscientes, eso poseemos.

En proporción a la intensidad, la persistencia, la claridad, la determinación con que mantengas la conciencia de tus deseos, comenzarás a crearlos y atraerlos hacia ti.

El Creador no pone límite a nuestro suministro. La única limitación a cualquier cosa que necesitemos radica en nuestra propia conciencia.

El gran desafío para aquellos de nosotros que vivimos en un mundo de deseos y anhelos insatisfechos es que carecemos de la conciencia adecuada. El Dr. Perry Green acertadamente sugiere que el lamento de Job: "Lo que temía me ha ocurrido", debería reinterpretarse como "Aquello de lo que era más consciente, me sobrevino". En otras palabras, lo que mantenemos en nuestra conciencia es lo que se materializa desde las realidades del mundo invisible y toma forma en nuestras vidas, ya sea como pobreza o prosperidad, salud o enfermedad, felicidad o desdicha.

El secreto completo del crecimiento y desarrollo individual se encuentra en nuestra conciencia, pues esta es la entrada a la vida misma. Cada experiencia, ya sea de gozo o tristeza, de bienestar o dolencia, de éxito o fracaso, tiene que pasar a través de nuestra conciencia. No existe otro medio por el cual pueda ingresar y convertirse en parte de nuestra vida. No puedes tener aquello de lo que no eres consciente; no puedes realizar aquello que no eres consciente de poder hacer. En resumen, es una ley inalterable que aquello que mantengas en tu mente, con la convicción de poder hacerlo o alcanzarlo, es lo que se manifestará en tu vida. Lo que Job tenía en su conciencia fue lo que vino sobre él. Juana de Arco salvó a su país porque desde niña mantuvo la conciencia de que había nacido para esa misión. Esta humilde campesina analfabeta no sabía nada acerca de la gran ley de la atracción mental, pero trabajaba con ella de manera inconsciente. Sin su conciencia de victoria, jamás habría podido llevar a cabo su extraordinaria hazaña. Es la conciencia de triunfo la que ha logrado victorias a lo largo de todas las épocas y en todos los ámbitos.

Tras años de estudio sobre las vidas y métodos de personas exitosas en distintos ámbitos, he descubierto que aquellos que alcanzan un éxito notable son grandes creyentes en sí mismos y en su capacidad para triunfar en lo que emprenden. Los grandes artistas, científicos, inventores, exploradores, líderes militares, empresarios y otros que han realizado contribuciones significativas en sus campos siempre han poseído una conciencia de triunfo. El éxito fue el objetivo que visualizaron constantemente, y jamás dudaron de su convicción de que lo lograrían.

La gente fracasa, no por falta de habilidad, sino porque carecen de la conciencia de triunfo, la conciencia del éxito. No viven con la expectativa de ganar o con la creencia de que alcanzarán sus metas. En cambio, tienden a esperar un posible fracaso, temiendo la pobreza y la necesidad, y así obtienen aquello que dominan en su mente y en lo que se enfocan de manera constante.

Una mentalidad estrecha, limitada, empobrecida y llena de temor, que anticipa retornos mínimos, que espera pobreza y no tiene fe en un resultado mejor, es más responsable de la pobreza que cualquier otro factor. Nuestra conciencia es parte de nuestra fuerza creativa, es decir, alinea nuestra mentalidad para atraer su afinidad, aquello que se asemeja a ella. Una conciencia de escasez no puede manifestar riqueza; una conciencia de fracaso no puede materializar éxito. Sería contrario a la ley. Si te encuentras sumido en la pobreza y el fracaso, la responsabilidad es solo tuya, porque estás trabajando en contra de la ley. Estás manteniendo una conciencia de pobreza y viviendo en el pensamiento de fracaso.

Quizás te preguntes por qué no logras materializar aquello que anhelas, tus deseos. Si constantemente estás llenando tu mente de desaliento, de imágenes negativas, sombrías y sin esperanza, toda tu vida se verá saturada por la conciencia de fracaso. Podrías pensar que alguna fuerza invisible, la mala suerte o un destino cruel te está obstaculizando. Algo te está frenando, ciertamente, pero no es la suerte ni el destino; es tu propia actitud mental pesimista, la conciencia desafortunada que has sostenido durante años. Mientras tratabas de construir en el plano material, estabas anulando todos tus esfuerzos al destruir constantemente en el plano mental. Has estado siguiendo la ley negativa que destruye y aniquila, frustra y arruina, en lugar de la ley positiva que produce, que crea, edifica, embellece, desarrolla las cualidades divinas del ser humano y glorifica su existencia.

Todo en la vida, sus logros y sus posibilidades, depende de nuestra conciencia, y tenemos la capacidad de desarrollar cualquier tipo de conciencia que elijamos. El gran músico ha cultivado una conciencia musical de la que la mayoría somos ajenos, simplemente porque no somos conscientes de esa modalidad de actividad. Nuestra conciencia musical no se ha desarrollado. Del mismo modo, el matemático, el astrónomo, el escritor, el médico, el artista, el experto en cualquier campo, han desarrollado una conciencia específica y manifiestan los frutos de esa conciencia. Exhiben y disfrutan de un poder especial en la medida en que han cultivado su conciencia especializada. ¿Qué tipo de conciencia deseas desarrollar? ¿Qué quieres obtener, realizar o ser? Debes tener una definición clara en este aspecto, ya que el primer paso hacia el desarrollo de una nueva conciencia es tomar el control absoluto de tu propósito, tu deseo, tu meta; mantener una visión clara y constante en tu mente; que sea predominante en tus pensamientos, en tus acciones, en tu vida cotidiana. Así es como el abogado exitoso inicialmente desarrolla una conciencia jurídica; el médico competente, una conciencia médica; el empresario próspero, una conciencia empresarial. Es crucial comenzar de manera adecuada, porque sea cual sea la conciencia que desarrolles, tu mente atraerá lo que es afín a ella, atrayendo hacia ti el material necesario para tu construcción.

El siguiente paso es establecer la convicción de que puedes alcanzar lo que deseas. Este es un avance significativo en el camino hacia el logro, ya que la convicción es más fuerte que la fuerza de voluntad. Es decir, aunque pueda resultarte difícil emprender una acción, si estás convencido de que no puedes hacerlo, la convicción de tu incapacidad prevalecerá sobre tu fuerza de voluntad. Tu convicción se convierte en tu herramienta más efectiva para el éxito. Esta es la razón por la cual tantos jóvenes de orígenes humildes han ascendido a posiciones de relevancia y poder, superando todo tipo de obstáculos y, frecuentemente, en contra de la opinión y consejo de aquellos que mejor los conocían. Estaban tan conscientes de su propia capacidad, y tan convencidos de que podían hacerlo, que nada logró detenerlos en la conquista de sus metas. El comienzo de cada logro yace en la conciencia; ese es el punto de partida de tu plan creativo. Cuanto mayor sea la intensidad, la persistencia, la claridad y la precisión con que mantengas en tu conciencia lo que anhelas, más empezarás a crear en esa dirección. Por ejemplo, la conciencia del poder revela poder; la conciencia de supremacía equivale a la supremacía en sí; la conciencia de autoconfianza es lo que nos da la certeza de estar a la altura de lo que emprendemos. Aquello de lo que somos conscientes, ya lo poseemos. Pero no podemos poseer algo de lo que no somos conscientes, es decir, no puede ser nuestro hasta que seamos conscientes de ello. Si no eres consciente de la capacidad para triunfar, no puedes triunfar. Si no eres consciente de tu propia superioridad, no puedes ser superior. Sin embargo, si mantienes en tu conciencia la imagen de la maestría; si tienes en mente el pensamiento de superioridad, estás poniendo en funcionamiento una poderosa ley de maestría y superioridad, y comienzas a reflejar estas cosas en tu vida. En nuestro Gran Interior tenemos poder ilimitado, recursos ilimitados, pero hasta que no tomemos conciencia de este poder oculto, de estos recursos invisibles, no podemos aprovecharlos.

Hace algún tiempo, un amigo mío vio cómo una mujer pequeña y delicada saltaba una alta reja cuando se asustó al ver acercarse una vaca, que confundió con un toro. Más tarde, ella confesó que, en circunstancias normales, no hubiera podido realizar tal acción, de la misma manera que no hubiera podido levantar una esquina de su casa desde sus cimientos. Sin embargo, al pensar que su vida corría peligro y en su apremiante necesidad, por un instante se hizo consciente del poder interno. Al ver a la vaca correr hacia ella, y creyendo que era un toro enfurecido, no tuvo tiempo de ser inhibida por las dudas y temores sobre si era capaz de saltar la reja. Era su única vía de escape visible, y con la conciencia despierta al poder latente en su interior, saltó por encima de la reja sin dificultad. Pero cuando el peligro imaginado había pasado, perdió la conciencia de su fuerza oculta y volvió a su estado habitual de fragilidad.

Existen numerosos casos documentados en los que personas inválidas o paralizadas, que llevaban años sin poder moverse y creían no ser capaces de hacer nada, se levantaron de sus lechos ante la amenaza de un incendio o un grave accidente que ponía en riesgo sus vidas o las de sus seres queridos. En tales circunstancias realizaron proezas asombrosas, como mover pesados muebles en casas en llamas o salvar a niños, acciones que parecerían milagrosas incluso para hombres fuertes. En repetidas ocasiones, las inusuales emergencias nos brindan una fugaz conciencia de nuestras enormes reservas de poder y nos permiten realizar verdaderos prodigios que nos asombran. Sin embargo, no seguimos reclamando esos poderes y la conciencia de que podemos hacer algo extraordinario se nos escapa, dejando intactos nuestros recursos inmensurables. Emerson afirma: "Cada alma no solo es la entrada, sino que también puede convertirse en la salida de todo lo que está en Dios". La conciencia de esta gran verdad es el secreto de todo poder. Es la comprensión plena de nuestra conexión con la Omnipotencia, con la Omnisciencia y con la Fuente de todo lo que existe, la que nos permite usar los vastos poderes que están en nuestro interior, siempre disponibles, esperando ser empleados para alcanzar nuestros objetivos.

El Creador no impone límites a nuestro suministro. No existe limitación para ninguna cosa que necesitemos, excepto la limitación de nuestra propia conciencia. Esa es la puerta que, según su naturaleza, nos bloquea o nos concede acceso al gran depósito del suministro infinito. Una conciencia limitada y mezquina nunca entra en contacto con esta abundancia. La persona que confía en su capacidad para enfrentar cualquier desafío que la vida le presente, la que gasta su último dólar sin temor, porque conoce la ley del suministro, está conectada con una corriente de abundancia siempre creciente. Pero el que acumula su último dólar, temeroso y reacio a gastarlo, incluso cuando tiene hambre, el que constantemente lleva en su mente una vívida imagen del lobo en la puerta, jamás superará la pobreza porque nunca alcanzará la conciencia de la prosperidad.

Una extraordinaria inspiración y valor llegan a quien sigue el optimismo innato en su ser, que confía y mira hacia lo alto, no importa cuán sombrío parezca el horizonte. Su fe en el Poder que rige el universo le asegura que incluso en la nube más oscura hay un resquicio de luz, y avanza con calma, confiando en que sus planes tendrán éxito, que sus demandas serán cumplidas. Posee una conciencia que le asegura que, pase lo que pase, "Dios está en su Cielo; todo está bien con el mundo". Si recuerdas que estamos constantemente creando, que estamos siempre proyectando en nuestras vidas las condiciones presentes en nuestra conciencia, evitarás el error que cometen millones hoy en día: materializar en su realidad lo que no desean, en lugar de lo que sí desean.

Cuando nos damos cuenta de que nuestro disfrute, felicidad, satisfacción, éxito, poder y personalidad dependen enteramente de la naturaleza de nuestra conciencia —de su propósito y la dirección en que se enfoca— no vamos a construir deliberadamente una conciencia que contradiga lo que deseamos alcanzar. Por el contrario, tendremos constantemente en nuestra mente la conciencia de nuestro anhelo, sea cual sea el objeto de nuestro deseo. Edificaremos la conciencia de los anhelos de nuestro corazón, de los deseos de nuestra alma; sostendremos la conciencia de la verdad, la conciencia de Dios, la conciencia de armonía y la conciencia de prosperidad. Solo así empezaremos a vivir de verdad. Entonces la vida adquirirá un significado mucho más profundo para nosotros que el que actualmente tiene para la mayoría: una simple lucha por la supervivencia.

CAPÍTULO 5

DÓNDE COMIENZA LA PROSPERIDAD

Cualquier cosa que visualicemos de manera intensa y persistente mediante un esfuerzo inteligente, tendemos a crearla, a vitalizarla en forma, a construirla en la vida.

Es en el mundo invisible donde el individuo, animado e inspirado por la conciencia de su asociación con la Divinidad, comienza a descubrir algunos de los secretos del universo, elevando a la raza más allá del animalismo y la fatiga, transformando la faz del mundo, impulsando a la civilización hacia nuevas y más gloriosas alturas.

La riqueza ilimitada y el suministro inagotable para satisfacer nuestras necesidades, , junto con las posibilidades inimaginables, residen en la gran inteligencia cósmica, esperando el contacto con el pensamiento humano para ser llevados a una forma visible.

El mundo invisible que nos rodea está repleto de infinitas posibilidades, aguardando nuestra semilla de pensamiento, deseo, anhelo, aspiración, prosperidad y éxito, respaldadas por nuestro esfuerzo en el plano material, para hacerlas manifiestas en las formas en las que nos concentramos.

No existe una carencia de lo que necesitamos en la tierra de Dios, así como no falta la luz solar. ¿Quién pensaría en quejarse de que el sol se niega a brillar sobre él, que sus rayos no se posan sobre él, que sus cultivos no maduran, o que no calienta y alegra su vida?

No hay carencia de luz solar, pero podemos aislarnos de ella. Si optamos por vivir en las sombras, si descendemos a la bodega oscura donde el sol no puede penetrar, es por nuestra propia elección.

Durante su gira de conferencias en los Estados Unidos, el distinguido científico Sir Oliver Lodge habló sobre "La realidad de lo Invisible" y expresó: "Nuestros sentidos no son un criterio de existencia. Evolucionaron por razones terrenales, no filosóficas, y si nos limitamos a la evidencia directa de nuestros sentidos, nuestra comprensión del universo se reducirá desesperadamente". Convencer a las personas de la realidad de algo que no pueden percibir a través de los sentidos es extremadamente difícil. Sin embargo, las cosas más reales que conocemos son invisibles y nunca han sido vistas por ojos mortales. Aquí radica el gran desafío para la mayoría al intentar cambiar condiciones indeseables o superar la pobreza y las limitaciones: no pueden ver más allá del presente. No han aprendido a visualizar el futuro, a ver más allá de las cosas materiales a su alrededor, hacia el mundo invisible, repleto de energías creativas, donde comienza el proceso creativo de la mente. No se dan cuenta de que todo en el mundo visible, producido por la humanidad, comenzó como una visión mental. La capacidad de la mente para imaginar y visualizar lo que deseamos en nuestras vidas es un don precioso de Dios que nos permite materializar desde lo invisible aquello que anhelamos.

Cualquiera que sepa usar este maravilloso poder puede empezar a visualizar su futuro; verse a sí mismo tal como desea ser, haciendo lo que desea hacer, ocupando la posición que aspira a tener. De este modo, atraerá hacia sí los medios necesarios para construir, paso a paso en el mundo material, el futuro tal como lo ve en su visión. Mediante la visualización, podemos escapar de la pobreza y la discordia y movernos hacia condiciones armoniosas, refinamiento y lujos de la vida, si así lo deseamos. Por otra parte, podemos usarla mal y permanecer en una pobreza degradante, limitación, impidiendo nuestro propio desarrollo y el despliegue de nuestras posibilidades, junto con todas las alegrías de la vida. Cualquier cosa que visualicemos de manera intensa y persistente la creamos, la vitalizamos en forma, la incorporamos a la vida, la convertimos en realidad. En otras palabras, la esencia vital con la que las personas dan forma a sus circunstancias y destino se encuentra en el mundo invisible, morada de todas las potencias y el poder.

Las fuerzas invisibles y los principios eternos son los cimientos del universo y los elementos que más contribuyen al mundo hoy en día. Las fuerzas que nos llevan a través del globo y permiten que sus extremos se comuniquen instantáneamente; el poder de principios como la química, la gravitación, la cohesión y la adhesión —todas las agencias poderosas que operan en el universo y producen sus fenómenos— no son perceptibles a nuestros sentidos; solo podemos sentir sus efectos. Son misterios de los que sabemos poco, pero reconocemos como grandes realidades. Nadie conoce o ha visto qué hay detrás de estos grandes principios, estas fuerzas que sabemos que existen. La gravitación, una fuerza invisible, mantiene los cuerpos celestes en sus órbitas, y equilibra el mundo en el espacio, girando a una velocidad impresionante alrededor del sol, sin variar en sus revoluciones ni una fracción de segundo en mil años. A pesar de que no podemos verla, saborearla, olerla o tocarla, ¿podemos negar su realidad? ¿podemos decir que no existe? Podemos observar y sentir los efectos de la electricidad, pero ¿quién puede definir esta fuerza invisible? Personas como Edison, Bell y Marconi, a través de experimentos, han descubierto ciertas leyes que la rigen, permitiéndonos obtener calor, energía y luz. Han conseguido que esta fuerza trabaje para nosotros en incontables formas, transmitiendo nuestros mensajes bajo los océanos y a través de los continentes, eliminando una gran cantidad del trabajo forzoso del mundo, y está destinada a servir a la humanidad en maneras que quizás ni los científicos e inventores más visionarios han imaginado. Edison, quien ha utilizado esta fuerza en miles de inventos, admite que no sabe qué es. Se maravilla ante este poder misterioso que ha surgido de la inteligencia cósmica en respuesta a sus esfuerzos, y se ve a sí mismo como un conducto a través del cual algunos de sus secretos han sido revelados a la humanidad, para hacer la vida menos ardua, más confortable y más hermosa.

Carece de sentido que los escépticos y materialistas afirmen que no participan en nada que no puedan comprobar con los sentidos, cuando es evidente que las fuerzas reales en las que se sustenta la vida, los elementos que nutren y sostienen incluso nuestra parte material, son todos invisibles. No podemos ver los gases que edifican y mantienen la vida en el aire que respiramos No podemos ver el aire y, sin embargo, lo llevamos a nuestro cuerpo, obteniendo así el poder silencioso e invisible que este encierra. Nuestra sangre lo capta y lo distribuye a los miles de millones de células de nuestro organismo. No podemos ver ni dominar su misterioso poder, pero estamos conscientes de que no podríamos vivir ni un instante sin él. Nunca nadie ha visto la fuerza en los alimentos que consumimos, pero estamos seguros de su presencia, que extraemos energía de ellos y que, con el tiempo, la materia inerte y aparentemente muerta, cobra vida dentro de nuestro cuerpo; actúa, tiene experiencias, trabaja, crea. A pesar de todos sus asombrosos descubrimientos, la ciencia aún no ha podido desentrañar los secretos de las fuerzas invisibles que operan en todo el universo. ¿Quién puede ver o explicar el misterio del brote que se despliega, la flor que se abre, la generación de la fragancia y la maravillosa belleza de una rosa? Sin embargo, estamos seguros de que existe una realidad tras ellos, una inteligencia que los concibe y moldea, que los lleva a su glorioso esplendor. Sabemos que todas estas manifestaciones emanan de la misma fuente omnipotente, que son expresiones de la Mente Divina.

La ciencia está demostrando que existe una única sustancia, una fuerza o esencia eterna en el universo, de la cual todo lo que percibimos es una manifestación variable. Esta sustancia universal, que constituye la gran realidad detrás de todo fenómeno visible, es imperceptible para los sentidos. No podemos verla, tocarla, saborearla ni olerla. No obstante, continuamente la ciencia acumula evidencias de que nuestra existencia es simplemente una modificación, un cambio de forma, una alteración de la vibración de esta sustancia universal, del mismo modo que la electricidad se manifiesta en diversas formas de energía. Aunque creemos vivir en un mundo material, pero en realidad vivimos en un mundo mental, un mundo de pensamiento externalizado, un mundo controlado y guiado por fuerzas invisibles. Contactamos con las cosas materiales solo en algunos puntos de nuestras vidas. La parte material alimenta, abriga y cubre nuestro aspecto físico, pero vivimos, nos movemos y tenemos nuestro ser en lo invisible. Cuando llegamos a la realidad de nuestro ser, el alma o espíritu, que es uno con Dios, vivimos completamente en un mundo invisible. El Ser real es el ser invisible. La persona cuyo reflejo vemos en el espejo es solo una sombra de la realidad. El cuerpo material, de carne y hueso que observamos y podemos tocar, no representa nuestro verdadero ser. Nuestro ser real está detrás de lo que vemos y tocamos, detrás de las células, los átomos y los electrones que componen el cuerpo. La nueva filosofía trasciende las apariencias y nos revela al ser real, el ser invisible. Está revelando sus potencias y posibilidades ocultas, y señalando el camino hacia su desarrollo y uso. Nos muestra que la persona que pueda parecer frágil, enfermiza, débil, desalentada, triste o aquejada por el fracaso, la discordia y la enfermedad, no refleja el ser que Dios creó; esa es la criatura irreal que el ser humano ha creado. Esa es una construcción artificial que surge de pensamientos erróneos, de una vida mal encaminada y de circunstancias adversas, un ser que ha sido moldeado por sus pasiones, sus estados de ánimo y su desconocimiento de las verdades eternas y las realidades profundas de la existencia.

Desde la infancia, nos enseñaron que el ser humano está hecho a imagen y semejanza de Dios, y la nueva filosofía nos insta a vivir conforme a esta verdad; a mirar más allá de las apariencias hacia la realidad, a percibir con la visión interna al ser real, el ser invisible, el cual es Uno con su Creador. Este Ser es fuerte, vigoroso, con poderes y cualidades divinas. Coincide con el ideal de Dios. No muestra signos de fracaso, debilidad, inestabilidad o enfermedad. Es perfecto, inmortal, inmutable como la verdad misma, porque el ser real es la verdad del ser, la realidad inmutable. No importa cuáles sean sus condiciones o circunstancias, las cosas de Dios, el principio de Dios, la Divinidad permanecen intactos, siguen siendo perfectos, contienen todas las posibilidades, y están marcados por la nobleza, el éxito, la salud, la prosperidad, la armonía, con la imagen de su Creador, porque la imagen y semejanza de Dios es perfecta e inmortal.

Si pudiéramos reconocer esto y medir la vida por sus infinitas posibilidades desde la perspectiva de la realidad inmutable del ser, en lugar de hacerlo desde la cambiante irrealidad del cuerpo; si pudiéramos mantener la conciencia de que somos parte de la inteligencia creativa del universo, colaboradores con Dios en nuestro trabajo aquí en la tierra, cuánto más podríamos alcanzar, cuánto más alto podríamos ascender, cuánto más felices podríamos ser.

Cuando una persona comprende la inmensa importancia de lo invisible y reconoce la verdad de su unidad con su Hacedor, su unidad con la fuente de todas las cosas en el universo, y que todo es una manifestación de la Mente Divina, puede acceder al poder ilimitado que el Creador ha puesto en cada uno de nosotros.

Cuando Cristo señaló que el reino de los cielos está dentro de nosotros, quiso decir que este reino interno es idéntico a la Mente Divina, y que es allí donde el individuo toca la fuente de todo poder, de toda provisión. El reino interior es el reino del poder, donde se inicia todo el trabajo creativo del individuo. Es allí donde se conecta con la sustancia universal, la gran energía creativa; y el pensamiento se convierte en la herramienta invisible que modela sus creaciones. Al actuar sobre la sustancia oculta y misteriosa a partir de la cual todo en el universo se desarrolla, la herramienta de pensamiento dirige, controla y crea de acuerdo con sus deseos. Encuentra su material en el mundo invisible, y en la medida en que la mente reconoce la realidad de lo invisible, también se percata del poder y de las posibilidades que residen allí. Es en el mundo invisible donde, animados e inspirados por la conciencia de nuestra asociación con la Divinidad, comenzamos a desvelar algunos de los secretos del universo, elevando la humanidad más allá del animalismo y el esfuerzo, cambiando el rostro del mundo y empujando a la civilización hacia nuevas y más gloriosas alturas.

Tu prosperidad, tu salud, tu felicidad, tu éxito, la realización de tus deseos, todo reside en la gran energía creativa sin forma, lista para tomar forma cuando tu pensamiento inicia el proceso creativo. La riqueza ilimitada y el suministro inagotable para satisfacer nuestras necesidades, al igual que las invenciones y las grandes obras de arte y literatura, música y teatro, y las maravillas en todos los ámbitos de la actividad humana, están contenidos en la gran inteligencia cósmica, esperando que nuestros pensamientos los manifiesten en una forma visible en nuestro mundo.

Todos los poderes de la gran inteligencia cósmica están trabajando constantemente en respuesta a los pensamientos y deseos de las personas. No hay favoritismo en las realidades invisibles. Los pensamientos de la persona más vil de la tierra se procesan de la misma manera que los de la más noble. Así como el sol, la lluvia, el viento y el rocío benefician por igual al agricultor promedio y al destacado, así también el ladrón, el criminal, el asesino y aquel que ha fallado tienen a su disposición el mismo material para trabajar que el individuo justo, los nobles exitosos, los grandes arquitectos y artistas, los eminentes ingenieros, inventores y comerciantes, y todas las grandes personas en todos los campos que están elevando a la humanidad y mejorando el mundo.

En otras palabras, la fuerza creativa del pensamiento otorga un poder invencible al ser humano, convirtiéndolo en creador, modelador de su vida, su destino, su fortuna. No podemos pensar sin crear, porque cada pensamiento es una semilla en la sustancia universal que inevitablemente germinará algo similar a sí mismo. Tú y yo podemos sembrar en lo invisible pensamientos constructivos, hermosos, llenos de amor, buena voluntad, salud, prosperidad, felicidad y éxito en nuestras labores; o podemos sembrar pensamientos destructivos, desagradables, de odio y mala voluntad, enfermedad, discordia, fracaso, pobreza y toda clase de miserias. Y de una cosa podemos estar seguros: lo que sembremos, eso cosecharemos.

Esa es la ley, y no hay escapatoria de ella. Gran parte de la pobreza, la enfermedad, el fracaso y la infelicidad en el mundo provienen de la ignorancia de la ley. Estos estados no se ajustan al plan que Dios tiene para sus hijos. El Padre no desea que sus hijos sufran enfermedades, ni que se desgasten en trabajos arduos, ni que vivan en la infelicidad, el fracaso, la pobreza, en la constante ansiedad, el temor a todo tipo de problemas y miseria. Los fantasmas de la enfermedad y el lobo en la puerta son nuestras propias creaciones. Existen solo en nuestras mentes; pero mientras los visualicemos, pensemos en ellos, les temamos, se volverán reales para nosotros y se manifestarán en nuestras vidas. Salud, abundancia, éxito, felicidad, una vida gloriosa y alegre, son las cosas que el Creador desea para todos sus hijos. Pero la mayoría de nosotros las alejamos con nuestro pensamiento falso y pesimista, y luego nos quejamos y nos lamentamos del "destino" y la "mala suerte", cuando la realidad es todo lo contrario; el mundo invisible que nos rodea está repleto de infinitas posibilidades, esperando a que nuestras semillas de pensamiento, deseo, anhelo, aspiración, prosperidad y éxito, junto con nuestro esfuerzo en el plano material, las conviertan en manifestaciones concretas.

Si eres pobre, enfermo y no tienes éxito, estás trabajando en contra de la ley, y hasta que no comprendas la verdad sobre las fuerzas invisibles a tu disposición y trabajes en consonancia con la ley, seguirás siendo pobre, enfermo y sin éxito. ¿Por qué no comenzar ahora a hacer que las fuerzas invisibles sean tus amigas? En lugar de convertirlas en tus enemigas, ¿por qué no enfrentarlas mentalmente y trabajar con la ley manteniendo el pensamiento correcto? ¿Por qué no darle la espalda a la enfermedad, la pobreza y el fracaso manteniendo constantemente el pensamiento de salud y prosperidad, diciéndote a ti mismo:

"Soy el hijo del Creador de salud, alegría y abundancia, soy el hijo del Todo, la Fuente de Todo-Suministro. Salud y éxito fluyen continuamente hacia mí desde el Todo, que es la Fuente de mi ser. Nada, excepto yo mismo, puede separarme de esta Fuente; nada, excepto mi propio pensamiento erróneo puede cortar mi suministro, la salud, el éxito y la felicidad que me pertenecen por derecho. Reclamo ahora la herencia de mi Padre. Soy saludable, soy exitoso, soy feliz. Ahora y para siempre estoy libre de todo lo que pueda obstaculizar mi desarrollo, de todo lo que pueda impedir la realización de los deseos que el mismo Padre ha puesto en mí. Este es mi trabajo asignado, la tarea que se me ha encomendado aquí en la tierra: llevar a cabo los detalles de su plan para mí, realizar mis anhelos. Yo trabajo en asociación con Él y no puedo fallar. Yo Soy Uno con Él; reitero mi afirmación: Soy saludable; soy exitoso; soy felicidad; soy abundancia. Mi futuro está asegurado. Avanzaré sin miedo a nada, porque no hay nada que temer cuando sé que Dios es todo y que yo soy uno con Él".

No importa cuáles sean tus circunstancias actuales y entorno, si mantienes esta actitud mental, esta firme creencia en la realidad de lo invisible donde reside tu suministro, y trabajas en armonía con la ley a través del poder creativo del pensamiento, entonces podrás influir en la sustancia universal invisible, darle forma y atraer desde los dominios invisibles de provisión lo que desees: conocimiento, sabiduría, poder, salud, riqueza, felicidad, éxito, la realización de todas tus esperanzas y visiones.

CAPÍTULO 6

SI PUEDES FINANCIARTE A TI MISMO

Ten cuidado con los pequeños derroches; una pequeña fuga puede hundir un gran barco. —Benjamín Franklin.

La deuda es como cualquier otra trampa, suficientemente fácil para entrar en ella, pero suficientemente fuerte para poder salir. —Shaw

Una persona imprudente representa un riesgo para la empresa donde trabaja, para la comunidad donde vive, para su familia y para sí misma.

Un poco de dinero en el banco actúa como un gran amigo, tanto en tiempos de necesidad como de oportunidad.

Muchas personas fracasan completamente en la vida o se ven obligadas a vivir en una pobreza mortificante, luchando tal vez bajo la maldición de la deuda, siendo miserables toda la vida porque nunca aprendieron a gestionar sus finanzas.

No hay nada más importante para una persona que ser capaz, no solo de ganarse la vida, sino también de saber cómo usar su dinero de la mejor manera. De esto depende su capacidad de independizarse y, por consiguiente, de hacer su mejor trabajo en el mundo. El sentido del dinero, si no es heredado, debe ser cultivado. Se debe enseñar a cada niño y niña cómo gestionar sus finanzas; deberían saber cómo manejar el dinero, cómo ahorrarlo y cómo gastarlo sabiamente para su crecimiento personal y para el enriquecimiento de la vida. Cada niño debería ser instruido en hábitos económicos, aprender el verdadero valor del dinero y ser capaz de comprender el esfuerzo que representa cada dólar ganado.

Si no enseñamos a nuestros hijos a saber lo que significa el dinero, ¿cómo esperamos que demuestren sabiduría al manejarlo en su madurez? La mayoría de las personas no ejercen un juicio prudente al gastar o invertir. Un empresario millonario me comentó que solo tres de cada cien personas que han acumulado riqueza logran conservarla. Muchas personas fallecen sin independencia económica, sin un hogar propio, sin haber logrado siquiera autosustentarse. A menudo me encuentro con personas de mediana edad, que a pesar de años de esfuerzo y ambición, no tienen ahorros, no cuentan con recursos para capitalizar oportunidades ni inversiones sólidas. No han avanzado desde su juventud porque nunca aprendieron a gestionar sus finanzas. Son como la rana en el pozo, que salta, pero siempre vuelve al fondo.

No hay nada que te beneficie más en la vejez, mi joven amigo, que aprender el arte de manejar el dinero y saber financiarte sabiamente. De lo contrario, siempre serás presa fácil de cualquier charlatán convincente. Tu ingenuidad será evidente para todos y, si tienes dinero, sabrán que no es difícil quitártelo. El dinero es lo más resbaladizo del mundo; a la mayoría de las personas les resbala de las manos tan fácilmente como una anguila o un cerdo engrasado. Se desliza entre sus dedos y desaparece del bolsillo a través de todo tipo de fugas.

"Decenas de personas pueden ganar dinero donde solo una puede conservarlo. Siempre habrá quien necesite dinero, siempre habrá tentaciones para gastarlo. La mayoría de las personas arriesgan demasiado con el dinero que tienen; son excesivamente codiciosas, demasiado ansiosas por mantenerlo trabajando. No soportan tener dinero sin que este genere más, lo que a menudo conduce a las inversiones más tontas.

Conozco a una persona, muy competente en muchos aspectos de los negocios, que ha tenido problemas financieros constantemente debido a esto. Nunca dispone de efectivo para oportunidades inusuales o emergencias. Es una persona admirable, popular y con mucha habilidad, pero no tolera que su dinero permanezca inactivo, necesita verlo en acción y, por ello, lo invierte en cualquier cosa que se ofrezca. Luego, cuando surgen oportunidades realmente valiosas, no puede aprovecharlas porque su capital está atrapado en alguna aventura arriesgada. 'No arriesgues tus pequeños ahorros' es el consejo de los expertos financieros. Inversiones impulsivas en busca de grandes retornos han mantenido a incontables personas en la pobreza durante toda su vida. No hay nada mejor que adoptar una postura prudente al inicio de tu carrera, invirtiendo solo en opciones sólidas y confiables.

Las personas acaudaladas pueden permitirse correr riesgos porque una pérdida no afecta significativamente su bienestar, pero para ti puede no ser lo mismo. Procede con cautela. El impulso de apostar, la prisa por acumular una fortuna de manera rápida y ganar mucho con poco, es la raíz de mucha infelicidad y pobreza en numerosos hogares, más que cualquier otro factor que conozca. Produce más vidas insatisfechas, frustra más ambiciones y lleva a más personas a morir desencantadas con sus trayectorias profesionales que cualquier otra cosa.

Uno de los primeros pasos para una gestión financiera adecuada es mantener una cuenta personal de efectivo. Esto actúa como un excelente educador y promotor de la economía y la planificación. Si se adopta este hábito desde la juventud, rara vez se abandona. Representará una habilidad en la vida adulta que, de otro modo, podría no desarrollarse. El mundo requiere que cada persona sepa cuidarse, ser independiente, autosuficiente, gestionar sabiamente sus finanzas y maximizar sus ingresos. No importa cómo te ganes la vida, ya sea con trabajo manual o intelectual, en un oficio o profesión, en casa o en el comercio, y sin importar si tus ingresos son modestos o abundantes, estarás en desventaja a menos que sepas cómo financiarte de manera efectiva. Esto no se trata de ser avaro, sino de comprender cómo maximizar tus recursos; evitar el gasto excesivo en lujos innecesarios o realizar inversiones impulsivas.

Hay una cosa que debe quedar impresa indeleblemente en la mente de cada joven, y esa es: las trágicas consecuencias de endeudarse, particularmente a una edad temprana, ya que esto ha arruinado numerosas carreras prometedoras. Los jóvenes deben ser educados para resistir cualquier tentación de complicar sus vidas con obligaciones financieras innecesarias. Deben entender que su éxito y la realización de sus ambiciones dependen en gran medida de mantener su libertad de compromisos financieros que limiten su potencial. Debe enfatizarse que su entusiasmo y diligencia son sus activos más valiosos y que nada los matará más eficazmente que la conciencia de estar entrampados, la conciencia de estar atado de pies y manos por la deuda. A los jóvenes se les debe enseñar que hipotecar sus futuros prospectos es un grave error. He observado a muchos jóvenes con gran potencial endeudarse con automóviles; y he sabido de quienes incluso han hipotecado sus pequeñas casas para conseguir un automóvil, creyendo beneficiar la salud y el bienestar de su pareja e hijos. Aunque las intenciones son nobles, para alguien que está comenzando su camino, asumir deudas por encima de sus posibilidades puede tener consecuencias negativas duraderas. Nadie puede ser feliz, no importa cuán optimista sea, si vive constantemente asfixiado por la pobreza y acosado por las deudas. Conozco a alguien que ha vivido con la carga de la vergüenza por años, todo por las deudas acumuladas cuando tenía buen crédito. Cuando perdió su negocio, tuvo que luchar con esta deuda, con intereses que se duplicaron, triplicaron y a veces cuadruplicaron. Nada podría haberlo convencido de meter la cabeza en esa soga si hubiera conocido las consecuencias. Como dice el Dr. Frank Crane: 'Estar en bancarrota es malo; peor aún, es un crimen; y lo más grave, es una tontería. Los crímenes y los pecados pueden ser perdonados, pero la estupidez no tiene remedio.' El joven sin ahorros para tiempos difíciles o emergencias es considerado 'tonto'. ¡Y hay demasiados así! Según Marshall Field, 'la tendencia de vivir más allá de los ingresos lleva al desastre a miles'. Muchas personas exceden sus posibilidades porque no soportan que otros piensen que tienen limitaciones financieras, manteniendo las apariencias, su estatus social. Pero es preferible la impopularidad a vivir con vergüenza, es mejor ser impopular que estar atrapado en un pozo sin salida, como algunos sugieren.

CAPÍTULO 7

CÓMO AUMENTAR TU HABILIDAD

Nuestra capacidad es tan sensible a nuestros estados de ánimo, sentimientos y actitudes mentales, como el mercurio a los cambios de temperatura o una veleta a las corrientes de aire.

La frustración constante de una ambición no realizada, la conciencia de que uno tiene la capacidad de lograr algo más grande pero se encuentra obligado a realizar tareas menores porque no persistió en el camino hacia lo grandioso en su juventud; sentirse confinado y limitado en una posición menor, 'esclavizado a un horario, todos los días de la semana', en la mediana edad o más allá, cuando se es consciente de poder ocupar un lugar mucho más amplio, es una verdadera tortura en la tierra.

La esperanza, la confianza en uno mismo, la seguridad, la fe en la propia misión, el entusiasmo por el trabajo, el optimismo, el coraje y la alegría expanden grandiosamente la capacidad, como si fuese un acordeón abriéndose. Por el contrario, el miedo, la ira, la envidia, los prejuicios, los celos, la preocupación, la mezquindad y el egoísmo tienen el efecto opuesto, lo cierran.

La felicidad en nuestro trabajo, la conciencia de que estamos haciendo nuestro máximo esfuerzo, presentándonos de la mejor manera posible y causando una buena impresión en los demás, son factores que amplían enormemente nuestra capacidad. Esto se debe a que incrementan nuestro respeto propio y autoestima. Ofrecen una seguridad y confianza que impulsan maravillosamente nuestra iniciativa y habilidad para ejecutar tareas.

Un prominente hombre de negocios afirmó que el mejor negocio que tuvo fue uno que no logró concretar. ¿La razón? Le impulsó a analizar la causa de su fracaso, a examinarse a sí mismo, a identificar las debilidades tanto personales como en sus estrategias de negocio. Fue ese negocio no realizado el que le hizo descubrir que no estaba explotando más de la mitad del potencial que realmente tenía. Muchas personas se privan del éxito y la riqueza por tener concepciones erróneas sobre su propia capacidad. Son como una joven taquígrafa que me confesó que, si creyera tener la capacidad de convertirse en experta en su campo, asistiría a clases nocturnas, estudiaría por las noches y haría todo lo posible por mejorar su educación y desarrollarse de todas las maneras posibles. Pero al considerar que su capacidad era limitada, estaba convencida de que no valía la pena esforzarse y que debía conformarse con un empleo promedio. En otras palabras, ella creía que su capacidad era un valor fijo; algo que no podía aumentar o disminuir, que no podía cambiar más de lo que podría cambiar el color de su cabello o sus ojos. La creencia de que nuestra capacidad es una cantidad inamovible, predeterminada por la genética o alguna ley incomprensible e inalterable, es una de las nociones más perjudiciales que pueden dominar la mente de una persona. Y nada está más alejado de la realidad, puesto que la habilidad humana es de hecho una cantidad sumamente variable y elástica. Puede expandirse casi sin límites o reducirse considerablemente. Es comparable a un acordeón, que el músico a veces extiende completamente y otras veces lo cierra por completo. Por ejemplo, puedes cerrar tu acordeón con un pensamiento erróneo hasta que solo se aproveche una mínima parte de tu capacidad potencial, o puedes abrirlo con el pensamiento correcto y hacer que cada parte cuente para que tu trabajo, tu vida, sean un grandioso éxito.

Muchas personas avanzan por la vida con su verdadera habilidad tan restringida y oprimida por su actitud mental negativa y autodestructiva, sus dudas, miedos, preocupaciones, supersticiones y prejuicios, su falta de coraje, su falta de fe en sí mismos y en su propósito, que solo una pequeña fracción de ella es efectiva en su trabajo, incluso cuando se esfuerzan intensamente. En todas partes vemos hombres y mujeres esforzados trabajadores, que no logran una décima parte de lo que podrían lograr, con la mitad del esfuerzo y tiempo que actualmente emplean, si mantuvieran una mentalidad positiva y constructiva, y enfrentaran la vida de manera adecuada. Aunque el desarrollo y la agudeza de las diferentes facultades mentales son el primer factor esencial para el aumento de nuestra capacidad natural, es un error pensar que la expansión de nuestra habilidad depende únicamente de esto. No importa cuánta habilidad natural poseas, si no está accesible, si está obstruida por tu pesimismo, tus dudas, tus miedos, tu cobardía y tu falta de fe, no te será de utilidad. Si tuvieras una valiosa mina de oro en tu propiedad y, en lugar de eliminar las barreras para extraer el mineral, añadieras más, entonces esa mina no incrementaría tu riqueza. Potencialmente, posees una gran fortuna, pero para ti es como si no existiera, dado que no has obtenido ningún beneficio del oro que podrías extraer e intercambiar por cosas de valor. Lo mismo sucede con tu habilidad. Si en lugar de esforzarte por hacerla accesible y liberarla, la confinas y la sobrecargas con impedimentos mentales, nunca se desarrollará ni 'reportará' beneficios.

Muchos de nosotros creemos que si tuviéramos el talento de otra persona, sus oportunidades o ventajas, o si estuviéramos mejor equipados para nuestra labor específica, lograríamos cosas maravillosas. Sin embargo, el Creador no envió a nadie al mundo sin las herramientas necesarias para el trabajo que pretende que realice, el trabajo para el cual está preparado en todos los aspectos. No nos proporcionó las herramientas listas para su uso porque eso nos habría privado del crecimiento y desarrollo que se espera de nosotros. Es a través de la maximización de nuestro potencial, la mejora continua de nuestro trabajo, la superación de obstáculos, la eliminación de impedimentos mentales que restringen nuestro crecimiento y el esfuerzo constante por alcanzar nuestro ideal más alto, que revelamos progresivamente la riqueza de habilidades que reside en cada ser humano, independientemente de sus aparentes limitaciones o desventajas. Helen Keller es uno de los ejemplos más extraordinarios del poder del espíritu humano para sobreponerse a todo lo que obstaculiza su desarrollo. Quedando sorda, muda y ciega a los dieciocho meses, ¿cuáles eran las probabilidades de contribuir significativamente al mundo? Fácilmente, podría haberse sumido en el desaliento, sintiéndose una víctima indefensa y haberse convertido en una carga para su familia. Sin embargo, desde su mundo de oscuridad, su espíritu invencible desarrolló una persona de habilidades y poder tan notables que hoy es difícil encontrar a alguien que sirva más a la humanidad que esta mujer, que al principio parecía tener un futuro sin esperanza. Su vida demuestra que no existen límites para el desarrollo humano y que no hay barreras insuperables, excepto aquellas que uno mismo se impone. El águila, la más fuerte y poderosa de las aves, es capaz de volar a altitudes elevadas y sostener el vuelo más que cualquier otro pájaro. No obstante, si se le atara por una pata a un peso enorme, no podría ascender más alto que una gallina. No importa cuán fuertes sean sus instintos naturales de elevarse hacia los cielos, no podría moverse de la tierra. De la misma forma, el ser humano fue creado para alcanzar grandes alturas y hacer grandes cosas, pero muchas personas se limitan a actividades menores que no reflejan su verdadero potencial, porque sus capacidades están encadenadas, restringiéndolas a una esfera inferior. Existe un exceso de habilidades sin utilizar en el vasto ejército de los que no han triunfado hoy en día, habilidades que nunca tuvieron la oportunidad de manifestarse conforme a los designios del Creador. Algunos de los casos más lamentables de vidas arruinadas que conozco, son los de hombres y mujeres de mediana edad que realmente tienen la capacidad de hacer algo importante y grandioso, pero que no lo han hecho por su falta de voluntad para sacrificar la comodidad en sus años de juventud por sus aspiraciones. El amor a la comodidad encadenaba sus facultades y las mantenía prisioneras hasta que sus aspiraciones se fueron extinguiendo y perdieron incluso el anhelo de volar.

Muchas personas están atadas por hábitos dañinos, tanto físicos como mentales, que les impiden dar lo mejor de sí en su trabajo. Estos hábitos resultan en una constante fuga de energía y fuerza vital, por causas evitables que frenan su progreso y hacen que su habilidad no esté plenamente disponible. Otros se ven afectados por rasgos de carácter o peculiaridades de temperamento que obstaculizan todas sus cualidades de éxito y neutralizan sus esfuerzos de avanzar. Un temperamento irritable, una tendencia a la envidia y los celos, la falta de fe y autoconfianza, la indecisión, la timidez, el descuido, la inexactitud y otras debilidades actúan como pesos que los retienen abajo cuando desean ascender. Cualquiera que sea la causa de la falta de armonía mental, nos roba poder y obstaculiza nuestro avance. Para aprovechar todos tus recursos y aumentar tu habilidad, evita —tal como lo harías con el veneno— cualquier cosa que te predisponga al negativismo: la preocupación, la ansiedad, los celos, la envidia, el miedo, la cobardía y todos los pensamientos deprimentes y desalentadores. Todos ellos son confesiones de debilidad y pueden resumirse como destructores de poder. Cada ataque de tristeza, cada pensamiento infeliz, cada sentimiento de desaliento, abatimiento, cada duda y temor paraliza la habilidad. En otras palabras, nuestra habilidad es extremadamente sensible a nuestros estados de ánimo y a nuestra condición mental en general. Cuando nos sentimos desanimados, llenos de dudas y ansiedad, nuestra habilidad se ve enormemente disminuida. Pero en un estado mental armonioso, libre de preocupaciones y ansiedad, nuestra capacidad se expande considerablemente. Es decir, todas las emociones y sentimientos positivos, edificantes, alentadores y alegres aumentan nuestra capacidad, mientras que todos los sentimientos negativos, deprimentes, desalentadores y sombríos la disminuyen. Incluso después de esforzarnos por aumentar nuestra habilidad a través de la educación y el entrenamiento, mejorando nuestros dones y facultades naturales de todas las maneras posibles, aun así, podemos contraerlas o expandirlas mediante nuestra actitud mental. Se puede afirmar que nuestra capacidad está en gran medida condicionada por nuestro estado de ánimo en un momento dado, y sabemos que se potencia con una confianza en uno mismo y una fe inquebrantables, y se reduce por la falta de autoestima, la timidez y la falta de coraje.

Sabes bien que eres más grande, más capaz de planificar y realizar cosas cuando tu coraje está elevado y tienes fe en ti mismo, que cuando te sientes triste y desalentado. Sabes por experiencia, que cuando la percepción de tu habilidad se expande, sientes que puedes hacer casi cualquier cosa. Si adoptas este estado mental como algo habitual, tu habilidad siempre estará disponible y operando a su máximo nivel. Por otro lado, si mantienes una mala opinión de ti mismo, esquivas responsabilidades, te autocriticas y subestimas tus capacidades, no alcanzarás grandes logros, aunque tu talento natural sea comparable al de Platón. Esta actitud mental negativa es posiblemente lo que más retiene el verdadero potencial, manteniendo a muchas personas en posiciones de mediocridad, más que cualquier otra limitación en el espectro de desafíos humanos.

Es una realidad lamentable que muchas personas con destacadas capacidades mentales y rasgos de carácter notables permanecen en el anonimato durante toda su vida por la timidez, el sentimiento de inferioridad y una postura insegura y autocrítica. Mientras tanto, otros con apenas la mitad de su capacidad innata progresan, amasan fortunas y obtienen posiciones de influencia y poder. La gente con actitudes negativas a menudo se queda atrás, sumida en la pobreza y el anonimato. El individuo tímido, retraído y humilde se encuentra en una enorme desventaja en todos los aspectos de la vida, tanto mental como socialmente, en los negocios y en el ámbito profesional. Puede que los demás sientan compasión por él, y sus amigos pueden reconocer su talento y magníficos rasgos de carácter, pero esto no es suficiente. Sin autoconfianza, iniciativa, seguridad y el coraje para mostrar su habilidad al mundo, nunca logrará algo verdaderamente grande. La mala opinión que tiene de sí mismo neutralizará una gran parte de su verdadera capacidad.

Cada individuo posee más habilidades de las que cree y de las que generalmente utiliza. Bajo la influencia de una motivación intensa, un estímulo renovado para el esfuerzo o ante la carga de una gran responsabilidad, cuando nos encontramos en una situación en la que nadamos o nos hundimos, no hay nadie que no sea capaz de responder al desafío y manifestar un nivel de habilidad que nunca había imaginado tener. La capacidad de algunas personas está tan oculta que solo se manifiesta en su máximo esplendor durante una crisis importante. En esos momentos, el gigante que llevan dentro se despierta, y se revelan grandes poderes que incluso ellos desconocían poseer. La responsabilidad es un formidable desarrollador de habilidades. Un claro ejemplo de esto se observa cuando un joven se convierte en socio en una empresa importante. La promoción fortalece su iniciativa, su capacidad de ejecución, su valor, y todas las cualidades que expanden su habilidad, de tal manera que avanza y realiza hazañas que nunca creyó posibles cuando era un empleado. La asociación no añadió nada a su habilidad latente, pero sí incrementó su autoconfianza y el deseo de destacar en su nuevo rol, lo que le obliga a aprovechar al máximo su capacidad, y así lo hace.

Nunca rehúyas una responsabilidad, pues estarías dejando pasar la oportunidad de potenciar tu habilidad. Imagina que Edison hubiera creado un dispositivo capaz de aumentar la capacidad natural de las personas en un cincuenta por ciento; seguramente, estaríamos dispuestos a pagar cualquier suma por tal invento. Sin embargo, cada hombre, mujer, niño y niña que vive hoy tiene la posibilidad de lograr ese aumento simplemente mediante el pensamiento adecuado, afrontando la vida de la manera correcta y aprovechando las oportunidades disponibles.

No importa dónde te encuentres, cuál sea tu situación o las dificultades que enfrentes, posees la habilidad necesaria para alcanzar tus metas, para elevar tu condición, desde la carencia y la pobreza hasta la riqueza. Desarrolla tu habilidad; realiza todas las acciones que expandan tus capacidades al máximo y te asombrarás de lo mucho que eres capaz de lograr.

LUCE EXITOSO

No tienes más derecho a ir entre tus compañeros con un semblante desagradable, emanando toxicidad mental y esparciendo dudas, miedo, desánimo y pesimismo, que el que tendrías para causarles daño físico.

Adoptar una postura victoriosa en tu apariencia y conducta es el primer paso hacia el éxito.

Si caminas, hablas y actúas como alguien importante, es mucho más probable que te conviertas en esa persona.

Deja que tu rostro refleje triunfo y que tu comportamiento, conversación y actitud lo manifiesten.

No le muestres al mundo una expresión sombría y pesimista, lo cual sería admitir que la vida ha sido una decepción para ti en lugar de un glorioso triunfo.

Cuando alguien se siente como la realeza, se verá con nobleza. La majestad, más auténtica que la que se sienta en un trono, se revelará en su expresión cuando aprenda a reconocer y expresar la nobleza de su esencia.

Cuando Frank A. Vanderlip, quien fue presidente del National City Bank de Nueva York, trabajaba como reportero en el 'Chicago Tribune', le preguntó a su jefe cuál consideraba que era el mejor consejo para alguien que aspiraba al éxito. "Luce como si ya fueras exitoso", fue la respuesta inmediata. Ese consejo impactó profundamente al joven y transformó su perspectiva, en particular respecto al vestuario. Desde entonces, comenzó a cuidar más su apariencia. Su jefe le había hecho ver la importancia de las apariencias, especialmente al causar una primera impresión favorable. Vanderlip se convenció de que si uno no luce próspero, la gente podría asumir que le faltan ambición o habilidades para triunfar, o que hay algún problema; de lo contrario, se vestiría mejor y tendría una mejor apariencia. Charles W. Eliot, presidente emérito de Harvard, expresó que el éxito de una persona depende en gran medida de la opinión que otros tengan de ella, incluso si nunca han intercambiado una palabra o se han visto. La reputación de uno se difunde en múltiples direcciones y, según su carácter, influirá significativamente en su trayectoria profesional.

Es crucial desarrollar la costumbre de moverte por el mundo irradiando la impresión de que eres una persona destinada al éxito, alguien que logrará algo significativo. Haz que esta convicción se refleje en tus acciones, en tus palabras y en tu imagen. Haz que cada aspecto tuyo haga que el mundo diga: "Esta persona es triunfadora; mantén tus ojos puestos en ella". Si aspiras a grandes logros, adopta la actitud y la apariencia de éxito. Si llevas contigo una atmósfera derrotada y empobrecida; si tu apariencia indica desaseo, desorganización, falta de vigor y ausencia de ambición, no te permitirá ser reconocido como una persona eficiente, alguien que empuja hacia delante.

Es cierto que hay casos en los que una persona puede estar mal vestida, con pantalones anchos y ropa sucia y, aun así, ser valiosa, pero los empleadores generalmente no cuentan con eso. Las posibilidades de que alguien con una mala presentación personal sea reconocido como un colaborador valioso son tan escasas que la mayoría de las personas no tomará el riesgo. Lo que vistes, cómo te comportas, hablas y actúas, todo debe estar alineado con tus ambiciones. Todos estos elementos son fundamentales para tu éxito y no puedes darte el lujo de pasar por alto ninguno. El mundo te evaluará basándose en cómo te valoras a ti mismo. Si adoptas una actitud de vencedor ante la vida, ella te abrirá paso.

Muchas personas encuentran difícil empezar o progresar debido a que no proyectan una impresión de poder y eficacia, de ser alguien que realiza y consigue metas. No comprenden cuán vinculada está su reputación con su progreso en la vida. Ignoran que la confianza que los demás depositan en ellos es una poderosa fuerza. Tanto un médico distinguido como un prestigioso abogado ganan su reputación no solo por su competencia profesional, sino también por su actitud general.

Juzgamos y valoramos a las personas basándonos en la impresión que nos dejan en su totalidad. La actitud victoriosa inspira confianza tanto en los demás como en nosotros mismos y su impacto psicológico es significativo. Camina, habla y actúa como la persona que deseas ser e inconscientemente estarás poniendo en operación fuerzas invisibles que te ayudarán a moldear las circunstancias a tu favor. Irradia la confianza de un ganador, de alguien determinado a hacerse un lugar en el mundo, a representar algo valioso. Incorpora energía y entusiasmo en cada paso que das; vigor y vitalidad en cada movimiento. Mantén la mirada al frente, nunca avergonzado. No te disculpes por ocupar un lugar en la tierra que podría ser aprovechado por otro; tienes tanto derecho a estar aquí como cualquier otra persona, ya sea que lo estés haciendo bien, o no lo estés haciendo tan bien como deberías No importa lo que enfrentes, derrota o la amenaza de fracaso, no pierdas tu conciencia victoriosa. Deja que los demás vean en tu comportamiento y en tu vida en general esta declaración: 'Soy un triunfador, no he mostrado la bandera blanca. No me he escondido, he cumplido con mi deber, no he sido un desertor, no he sido un ladrón ni un tramposo, tomando lo que otros han ganado sin ofrecer nada a cambio. ¡He cumplido mi parte y puedo mirar al mundo directamente a los ojos!'

Cuanto más compleja sea tu situación, cuanto más difícil parezca el camino o más sombrías sean las perspectivas, más esencial es sostener la conciencia victoriosa. Si llevas una expresión de derrota, si tu rostro confiesa que has sido vencido o que esperas serlo, entonces la batalla está perdida. Debes mantener siempre en la mente la idea de victoria, no de fracaso; una ambición que triunfa, no una que se frustra, porque es con esta mentalidad con la que avanzarás hacia las metas que deseas lograr. Confía en el poder que Dios te ha dado para triunfar en una aspiración noble. Dedica tus esfuerzos a su cumplimiento y nada en la tierra puede evitar que tengas éxito. Mantener tal mentalidad te posiciona como un ganador desde el comienzo, pues invariablemente te moverás en la dirección de tus pensamientos y creencias sobre ti mismo.

La convicción de que naciste para triunfar es una poderosa fuerza creativa en tu vida, al igual que la creencia de que estás destinado al fracaso te mantendrá abajo hasta que cambies el molde de ti mismo. La vida no es un juego perdido. Es siempre triunfante cuando se juega adecuadamente; son los jugadores quienes fallan. Dios no creó a nadie para ser un fracasado. Cada persona fue hecha para un éxito glorioso. El verdadero problema de los que fracasan es que no comenzaron con la mentalidad correcta. No se convencieron durante su juventud de que lo que lograrían en la vida debía ser creado primero en la mente y que dentro de cada hombre y cada mujer ocurre el gran proceso creativo que define lo que alcanzamos en nuestras vidas.

Muchos de nosotros dependemos demasiado de factores externos o de otras personas, cuando, en realidad, la fuente de vida y el poder que impulsa el mundo están dentro de nosotros. Imagina el impacto en el mundo actual si todas las personas que se ven a sí mismas como insignificantes y fracasadas, diminutas en comparación con lo que podrían y deberían ser, pusieran esta idea triunfante de la vida en ellos. Si pudieran darse cuenta de sus propias posibilidades y adoptar una actitud victoriosa y triunfante, revolucionarían el mundo. Cuántas personas forman el hábito crónico de permitirse frecuentes ataques de depresión, permitiendo que la tristeza entre fácilmente a sus mentes, de hecho, siempre está en su casa, y son susceptibles a cualquier forma de desaliento que se presente. Cada pequeño contratiempo, cada pequeña dificultad, los sumerge en la desesperanza y dicen: "¿Qué sentido tiene?" Como resultado de esto, su trabajo es deficiente e ineficaz, y les impide atraer lo que desean. Cada vez que cedes al desaliento, que te sientes deprimido, estás retrocediendo, tus pensamientos negativos están destruyendo lo que has intentado construir. Un episodio de desánimo, la visualización del fracaso o de la miseria, puede destruir rápidamente el resultado de la construcción del pensamiento triunfante. Tus fuerzas creativas armonizarán con tus pensamientos, emociones y estados de ánimo; crearán en consonancia con ellos. Llena tu mente con esperanza, con la expectativa de mejores cosas, con la creencia de que tus sueños se están haciendo realidad. Convéncete de que vas a ganar; deja que tu mente descanse en los pensamientos de éxito. No permitas que los enemigos de tu éxito y felicidad dominen tu mente o traerán precisamente la condición que ellos representan. Destruye los pensamientos, las emociones y las creencias que tienden a destruir tu esperanza y aspiraciones, a derribar los resultados de tu construcción pasada. Si no lo haces, crearán más fracaso y pobreza. Si deseas alcanzar el éxito, enfoca tu mente en condiciones creativas y exitosas. Orienta tu carácter y tu vida hacia la victoria. Mantén pensamientos de éxito hacia ti, hacia tu futuro, hacia tu carrera; esto propiciará las condiciones necesarias para realizar tus anhelos. 'Avanza con valentía, con calma, con amabilidad, y ¿quién podrá resistirse a ti?'. No hay mayor satisfacción que saber que hemos desarrollado el hábito de triunfar, el hábito de la victoria, el hábito de mantener una mentalidad ganadora, de caminar, actuar, hablar y aparentar ser un conquistador. Esta actitud mantiene siempre en primer plano las cualidades dominantes y beneficiosas, en constante ascenso.

Uno de los hábitos más difíciles de superar en la vida adulta, y uno que es fatal para la eficiencia, es el hábito de sentirse derrotado. Nunca te permitas caer en ello. De cada derrota puedes aprender una lección que se convierte en un peldaño hacia tus aspiraciones. El éxito es el estado natural de cada persona; fue creada para el éxito; es una entidad diseñada para triunfar, y el fracaso va en contra de la intención de su Creador. Se debería inculcar en todos los jóvenes la importancia de adoptar una actitud triunfante hacia la vida, de comportarse como quien está destinado a ganar, porque así fue diseñado. Ningún joven está realmente educado hasta que ha aprendido a vivir una vida victoriosa, que es la verdadera definición de educación. El hábito de triunfar en cualquier tarea que emprendamos se puede desarrollar casi tan fácilmente como el hábito de fracasar, y cada victoria nos prepara para las siguientes. Desde su nacimiento, se le debe enseñar al niño que es un ser divino, un Dios en formación, y que debe avanzar con la cabeza erguida y con confianza, porque está destinado a la grandeza. Enseña al niño que ha venido al mundo con un mensaje para la humanidad, que debe entregarlo como un embajador. Hazle saber que enfrentarse a las dificultades es como entrenarse en un gimnasio, donde cada victoria fortalece y hace que el próximo desafío sea más fácil y seguro. Es fundamental que comprenda que cada problema resuelto en la escuela, cada encargo realizado prontamente y de manera cortés, y cada labor ejecutada con excelencia, suma a su capacidad para triunfar, incrementando la potencia de sus posibilidades de éxito.

Los grandes premios de la vida son para los valientes, que tienen coraje y confianza en sí mismos. El individuo tímido y vacilante, que se detiene a escuchar sus temores, deja escapar muchas oportunidades. Si descubres que te inclinas a la timidez; si careces de coraje e iniciativa; si eres demasiado vergonzoso para hablar o expresar tus opiniones cuando lo deseas; si te sonrojas, tartamudeas y te sientes torpe cuando deberías mostrar calma y autocontrol, es posible superar estos defectos y desarrollar las cualidades que te hacen falta. Puedes entrenar a tu mente subjetiva para ser valiente, sin timidez y sentirse a gusto en cualquier entorno. Hazle sugerencias constantes de valentía y heroísmo a tu yo interior. Niega firmemente que seas tímido o temeroso de hablar y actuar con naturalidad en público o ante cualquier persona. Afirma que eres valiente y que no temes hacer nada que sea correcto y apropiado. Practica caminar entre sus compañeros como si estuvieras lleno de valor, con coraje y confianza en ti mismo, absolutamente seguro de ti mismo, capaz de sostener una conversación notablemente o de entrar en una sala con la misma naturalidad con la que llevas a cabo tus quehaceres cotidianos. Mantén el pensamiento triunfante hacia tu futuro, hacia tu ideal, tu sueño. Proyecta la atmósfera del vencedor. Aprende a irradiar poder. Deja que cada aspecto de tu ser muestre confianza, dominio y éxito. Haz que quienes te rodean perciban que tienes la naturaleza de un ganador.

No debes caminar por la vida como si esta te hubiera defraudado, como si carecieras de una ambición definida. Si aspiras a logros notables, a ser influyente en el mundo; si deseas que tus vecinos se sientan orgullosos de que vivas cerca de ellos, debes prepararte en todos los sentidos. Eleva tus estándares. No te comportes como alguien que ha fracasado o como alguien sin importancia. No te presentes de manera desaseada y descuidada. Vístete adecuadamente, cuida tu apariencia, mejora y esfuérzate. Al caminar, muestra al mundo que te valoras a ti mismo y que hay buenas razones para hacerlo. Haz evidente que eres plenamente consciente de estar cumpliendo una misión valiosa, desempeñando un papel destacado en el gran juego de la vida. Verás que, al adoptar esta actitud, pronto empezarás a encontrar lo que buscas, en lugar de lo que temes, y descubrirás que tus sueños se vuelven realidad.

CAPÍTULO 9

CÓMO HACER REALIDAD TUS SUEÑOS

Los anhelos de nuestro corazón, las aspiraciones de nuestra alma son profecías, predicciones de lo que está por venir. Son indicadores de nuestras posibilidades, de las cosas que podemos lograr.

En el momento en que decides hacer realidad el sueño de tu vida, has dado el primer paso hacia su realización, pero se detendrá allí si tus esfuerzos cesan.

Perseguir tus ideales de manera continua, nutriendo tus visiones y cuidando tus sueños, imaginando con intensidad y vivacidad lo que anhelas y esforzándote al máximo para que se alinee con la realidad, es lo que le da valor a la vida.

Nuestra capacidad de soñar nos permite dar un vistazo a las gloriosas realidades que nos esperan en el futuro.

Los sueños son reales mientras duran, ¿acaso, no vivimos en los sueños? – Tennyson.

Cuando Gordon H. Selfridge, ex gerente de Marshall Field Company, se trasladó a Londres para establecer una gran tienda departamental al estilo de Marshall Field, simplemente estaba dando el último paso hacia la materialización de un sueño que había albergado durante años. Incluso mucho antes de pisar las costas de Inglaterra, ya había concebido todo el gran almacén en su mente. Lo había construido mentalmente antes de atravesar el Atlántico, y en el ojo de su mente lo veía como un éxito rotundo. Él declaró: 'Visualicé multitudes de clientes dirigiéndose a mi nueva tienda y pude verla repleta de compradores entusiastas mucho antes de llegar a Inglaterra'.

Desde que la idea de una tienda departamental en Londres cobró forma en su mente, el Sr. Selfridge se dedicó a visualizar la estructura completa. Mantuvo su sueño vivo y claro con la firme intención de hacerlo realidad. No permitió que se desmoronara, ni dejó que su idea se desvaneciera por las dudas, los temores o la incertidumbre, tampoco dio oídos a los consejos bienintencionados de sus amigos que le recomendaban no ir a Inglaterra, argumentando que los ingleses eran reacios a aceptar nuevas ideas y que probablemente fracasaría. No hizo caso de lo que dijeron, porque no creía que los ingleses fueran tan poco innovadores como ellos pensaban. Creía que responderían favorablemente a la propuesta americana, al concepto de Marshall Field, y estaba convencido de que los métodos que habían triunfado en Estados Unidos también lo harían en Inglaterra. La extraordinaria popularidad de los almacenes Selfridge es una evidencia más de que el soñador que sueña y visualiza es más sabio y está siempre adelante de los llamados prácticos, aquellos hombres prudentes y sensatos que intentaron disuadirlo y apartarlo de su visión.

Los hombres y mujeres que han logrado grandes hazañas a lo largo de la historia siempre han sido soñadores. Han tenido visiones y han concebido sus sueños como realidades, visualizándose a sí mismos alcanzando los objetivos que deseaban, mucho antes de tener la capacidad de realizarlos efectivamente. Personajes como Colón, Stephenson, Charles Goodyear, Elías Howe, Robert Fulton, Cyrus W. Field, Edison y Bell, junto con todos los grandes descubridores, científicos, exploradores, filántropos e inventores que han avanzado al mundo y han brindado un servicio inestimable a la humanidad, han visualizado sus sueños y han nutrido sus visiones a lo largo de los años, muchos de ellos en medio de la pobreza, la persecución, el ridículo y la oposición, hasta que trajeron sus sueños a la tierra y los convirtieron en realidades.

En un estudio sobre los métodos de hombres y mujeres exitosos, he descubierto que casi sin excepción, son visualizadores fuertes y vividos de aquello que se proponen alcanzar. Son trabajadores incansables, así como soñadores, y sostienen sus visiones con tenacidad hasta igualarla con la realidad. Construyen castillos en el aire, pero ponen los sólidos cimientos de la realidad debajo de estos.

Cuando Lillian Nordica era una niña cantando en el coro de la iglesia de su pequeña localidad en Maine, en una época en que incluso su familia consideraba una deshonra que una niña se presentara en escenarios públicos, ella se imaginaba como una gran prima donna, cantando ante vastas audiencias en su país, en capitales extranjeras y ante la realeza europea. Cuando Henry Clay era joven practicaba su oratoria frente a los animales en un establo de Virginia, se visualizaba conmoviendo a grandes multitudes con su elocuencia. Washington, a la edad de doce años, se imaginaba a sí mismo como un líder, rico y poderoso, un hombre de gran influencia en las colonias y el gobernante de una nación que él ayudaría a fundar. El joven John Wanamaker, mientras repartía ropa en un carro en Filadelfia, se veía a sí mismo como el dueño de un establecimiento más grande que cualquier otro en la ciudad. Miraba más allá, imaginando al Wanamaker futuro, el magnate comercial con enormes tiendas en las principales ciudades del mundo. El joven Carnegie se imaginaba como una figura prominente en la industria del acero, al igual que Charles M. Schwab, quien, incluso siendo un empleado, vislumbraba su futuro como una figura influyente en el negocio. Cuando trabajaba en la planta de Homestead, Schwab le expresó a Carnegie que no aspiraba a un mejor salario o una mejor posición; su deseo era ser socio en la empresa, ya que eso era lo único que lo satisfaría.

Esta clase de visualización no es una mera vanidad ni un egoísmo superficial; es más bien el impulso de Dios, llevando a las personas más allá de sus límites actuales, más allá de lo que los ojos físicos pueden ver, hacia posibilidades más elevadas.

Las Escrituras nos dicen que donde no hay visión la gente perece. Nunca he conocido a alguien que haya logrado algo extraordinario sin tener la capacidad de mirar más allá del mundo tangible hacia el vasto universo invisible de lo que podría ser, quien no mantuvo en su mente una clara visión de lo que aspiraba conseguir. El individuo que llega a la cima y triunfa, es aquel que puede visualizar lo que aún no se ha materializado en el mundo visible, y lo ve como una realidad; es quien puede ver industrias prósperas, donde otros no ven posibilidades ni oportunidades; el que ve ciudades pobladas, grandes poblaciones en las praderas donde otros solo ven desolación; aquel que ve el poder, la opulencia, la abundancia, el éxito, donde otros solo ven fracaso, limitación, pobreza y miseria.

Fue esta capacidad de visión la que convirtió a James J. Hill en un gran 'constructor de imperios' en el Noroeste. Su visión de un vasto sistema ferroviario que daría vida a millones de fértiles granjas a lo largo de su recorrido y que haría que el desierto floreciera como una rosa, fue considerada como visionaria y motivo de burla de muchos de los que posteriormente terminaron trabajando para él cuando murió. Estos eran individuos que nunca habían logrado hacerse un lugar y un nombre para sí mismos, porque nunca habían aprendido que el gran secreto del éxito es visualizar los sueños y convertirlos en realidad. Posiblemente, no creyeron en sus propios sueños y los descartaron como meras ilusiones.

Mucha gente parece creer que la imaginación o la habilidad de visualizar es solo un añadido del cerebro, algo que no es fundamental o necesario en una persona, y nunca le han dado la importancia debida. Pero quienes estudiamos las leyes de la mente sabemos que es una de las funciones más cruciales de la mente. Estamos comenzando a reconocer que el poder de visualizar actúa como una especie de mensajería anticipada, que nos revela aquello para lo cual hemos sido capacitados y designados a realizar por el Creador. En otras palabras, estamos empezando a entender que nuestras visiones son profecías de nuestro futuro; programas de imágenes mentales que estamos destinados a ejecutar y convertir en realidades tangibles.

Por ejemplo, un joven que no siente inclinación por la arquitectura, no mantendrá una visión de arte, de comercio o de cualquier otra profesión para la cual no tenga una afinidad natural. Una niña no albergará el sueño de una carrera musical durante años, si no posee talento para ella, o si su habilidad es más destacada en otro campo. Niños y niñas, hombres y mujeres, no anhelan ni sueñan con realizar algo para lo cual la naturaleza no los ha dotado. Tenemos un sueño en particular, vemos determinada visión, porque tenemos la capacidad y el talento especial para hacer ese sueño o visión una realidad. Por supuesto, por sueños y visiones no me refiero a simples fantasías o pensamientos fugaces que pasan por la mente, sino a los verdaderos deseos del corazón, los anhelos del alma, las imágenes mentales de un futuro que persigue nuestros sueños y el impulso constante que nos empuja hasta que tratamos de hacerlos coincidir con su manifestación tangible. Hay una divinidad detrás de estas visiones. Son profecías de nuestro posible futuro; y la naturaleza proyecta estas imágenes en nuestra pantalla mental para mostrarnos un destello de las posibilidades que nos esperan.

Una de las razones por las que muchos de nosotros realizamos obras poco originales es que no nutrimos nuestras visiones y anhelos lo suficiente. El diseño de un edificio debe preceder su construcción. Ascendemos por la escalera de nuestras visiones y sueños. El modelo de una escultura debe existir en la mente del artista antes de que pueda ser tallado en mármol. No nos percatamos del poder mental que generamos al visualizar de manera persistente nuestro ideal, al aferrarnos a nuestros sueños y a la visión de lo que queremos hacer o ser. Desconocemos que alimentar nuestros deseos afina y aclara nuestras imágenes mentales, y que estos procesos mentales están finalizando los planos para la construcción de nuestro futuro, detallando los contornos y atrayendo los materiales necesarios del universo para nuestra edificación real.

Nada ayuda tanto a la realización de tu anhelo, como el hábito de visualizar lo que estás tratando de conseguir, debes visualizarlo tan claramente como sea posible, porque esto hace de la mente un imán para atraer lo que buscamos. A nuestro alrededor vemos jóvenes que concentran sus mentes con intensidad y persistencia en sus objetivos, atrayendo maravillosos resultados. Un estudiante de medicina sostiene en su mente una visión de sí mismo como un gran médico o cirujano, y, en pocos años, su exitoso trabajo nos sorprende. Atrae su éxito del gran suministro universal a través de su continua visualización, el fortalecimiento constante de su deseo y su incesante esfuerzo en el mundo material para hacer su sueño realidad. No importa si solo eres el chico de los mandados o un administrativo, considérate como socio de la empresa o dueño de tu propio negocio. Nada es más poderoso para atraer el deseo de tu corazón que visualizarlo, soñar tu sueño, verte a ti mismo como la persona ideal de tu visión, ocupando el puesto que tu anhelo ha establecido. Haz esto y trabaja con todas tus fuerzas en el plano físico para alcanzar tu meta, y nada podrá detener tu éxito. Estos son los métodos que, consciente o inconscientemente, toda persona exitosa ha utilizado para lograr el deseo de su corazón.

Mediante la lectura y reflexión, visualizando y trabajando en la línea de sus aspiraciones, el joven Thomas Alva Edison empezó a realizar sus sueños cuando, siendo vendedor de periódicos en el Grand Trunk Railway, montó un laboratorio en un vagón de tren para experimentar con productos químicos. Se mantuvo constantemente aferrado a su visión, visualizando las fascinantes posibilidades de la electricidad. Siguió descubriendo, experimentando e inventando, hasta convertirse en el más célebre inventor eléctrico del mundo, el 'Mago de Menlo Park'. Su mente, en sintonía con la Mente Divina, ha transformado maravillosos inventos a partir de la vasta inteligencia cósmica, repleta de potencial para aquellos con la capacidad de visualizar intensamente y trabajar sin descanso. Lo que Edison logró, lo que todas las almas llenas de anhelo han hecho para materializar sus sueños, también está a tu alcance. Aférrate a tu visión y trabaja. Existe un poder en el ser humano, más allá de lo físico, que opera en armonía con la Inteligencia Divina en el vasto océano cósmico de energía, un suministro ilimitado que hoy realiza milagros en la invención, la agricultura, el comercio y la industria. Este poder creativo y omnipresente está destinado a elevar cada creación al máximo de su potencial. Está latente en ti, esperando expresión, esperando tu cooperación para realizar tu anhelo. El primer paso para utilizarlo es visualizar el ideal de lo que deseas manifestar, la visión del hombre o mujer que aspiras a ser, y las acciones que deseas realizar. Sin este paso inicial, el proceso de creación subsiguiente es imposible.

No importa lo que suceda, mantén siempre el pensamiento de que puedes convertirte en la persona que aspiras ser y que puedes lograr lo que te propones hacer. Visualízate triunfando en aquello que deseas materializar en tu vida. No importa si algunos deberes u obligaciones te retienen por algún tiempo; si las circunstancias y condiciones parecen contradecir la posibilidad de tu éxito; si la gente, incluyendo tus seres queridos, te critican o malinterpretan tus intenciones, incluso si te tachan de visionario, loco, iluso o egocéntrico, aférrate a la fe en tus sueños y en ti mismo. Aférrate a tu visión, cuídala, porque es el diseño divinamente inspirado que Dios te está impulsando a seguir para dar forma a tu vida.

71

CAPÍTULO 10

CÓMO CURAR EL DESALIENTO

El desaliento ha disminuido más esfuerzos de la humanidad, ha frustrado más carreras, limitado y paralizado más vidas, que cualquier otro factor.

Nunca tomes una decisión cuando estés desanimado. Nunca dejes que el lado débil de tu naturaleza tome el control.

No eres capaz de hacer un juicio correcto cuando hay miedo, duda o desaliento en tu mente. El buen juicio surge de un estado mental equilibrado y sereno.

¿Tienes la fortaleza y el coraje para enfrentar todo tipo de desaliento y seguir luchando después de un fracaso sin desanimarte; para levantarte cada vez que caes? ¿Puedes tolerar críticas, malentendidos y agravios sin ceder o debilitarte? ¿Posees la perseverancia para seguir adelante cuando otros se retiran, para continuar la batalla cuando todos a tu alrededor se rinden? Si eres capaz de esto, entonces eres un vencedor. Nada podrá impedir que alcances tus metas.

La frase 'No puedes hacerlo' mantiene a muchas personas con habilidades notables sumidas en la mediocridad más que casi cualquier otra cosa. 'No puedes hacerlo' te acecha en cada rincón de la vida. En cada nueva dirección que quieras tomar, encontrarás a alguien que te advierte, que te dice que no sigas ese camino porque te llevará al desastre.

A menos que tengas un coraje excepcional, una voluntad de hierro y una determinación inquebrantable, es probable que el desánimo te venza. Y una vez que te rindes al desaliento, tu iniciativa se debilita y tu poder se paraliza.

Se ha dicho que el desaliento oculta los medios y métodos de Dios, pero su efecto es aún más profundo. El desaliento nos hace perder de vista a Dios mismo; esconde todo lo que es beneficioso y ventajoso para nosotros. Paraliza nuestra habilidad, nuestro valor, nuestra autoconfianza; aniquila nuestra eficacia y disminuye la potencia de todas nuestras facultades. Los profesionales de la medicina reconocen cómo el desaliento influye negativamente en la recuperación de los pacientes, retardando y a menudo impidiendo la curación. Una persona enferma que se mantiene optimista y esperanzada en su recuperación tiene muchas más posibilidades de sanar que una que está desanimada y deprimida. El desaliento rompe el espíritu, y cuando el espíritu de una persona se rompe, pierde la motivación para todo. Se encuentra derrotado en la lucha por la vida. Un espíritu abatido, la pérdida de esperanza y valor, son causantes de más fracasos, más suicidios y más casos de locura que casi cualquier otra circunstancia. Si solo fuera posible hacerles ver a las personas desalentadas lo que esto les hace, cómo destruye su moral y destruye lo que han construido en sus momentos creativos y de esperanza.

Recientemente, leí la trágica historia de un joven que cayó presa del desaliento. Tras perder su empleo durante una recesión económica, este hombre comenzó a salir todas las mañanas en busca de empleo y regresaba cada noche decepcionado a casa. Sin embargo, durante mucho tiempo mantuvo la esperanza, convencido de que eventualmente conseguiría un trabajo. Pero tras varias semanas, una noche llegó a casa más tarde de lo habitual. Su esposa había estado esperando ansiosamente mirando por la ventana, hasta que estaba demasiado oscuro para ver, entonces cerró las cortinas e intentó distraerse con las labores del hogar para disipar la repentina sensación de ansiedad que se apoderó de ella. Una hora más tarde llegó su esposo; ella percibió que una influencia deprimente parecía haber estado trabajando sobre él; ya no estaba tan esperanzado como antes. La esposa intentó animarlo como siempre, le sirvió la cena y lo reconfortó de todas las maneras posibles, enviándolo a la cama en un estado de ánimo más tranquilo. A la mañana siguiente, él intentó sonar optimista al salir, prometiendo hacer su mejor esfuerzo. Sin embargo, era claro que ya no sentía la misma seguridad en sí mismo. Esa noche, mientras esperaba su regreso, la esposa se alarmó al ver que él no estaba solo. Como una sombra, una siniestra figura caminaba a su lado, hablándole intensamente, acompañándolo hasta la puerta de su casa para luego desaparecer repentinamente. La noche siguiente, la misma figura siniestra apareció de nuevo a su lado, y la expresión de desesperación en el rostro del marido la llenó de miedo. La tercera noche, ella esperó y observó hasta bien entrada la noche, pero él no regresó. Consumida por el terror, permaneció sentada junto a la ventana toda la noche con una luz encendida, esperando en vano. Tan pronto como amaneció, salió a comprar el periódico y se topó con la noticia de un hombre que se había suicidado arrojándose al río. Presa de un presentimiento, corrió a la morgue mencionada en el artículo, donde se confirmaron sus peores temores: el cuerpo del hombre ahogado era el de su marido. Vencido por el desaliento y las terribles imágenes proyectadas por sus dudas y temores, había perdido el equilibrio mental y, en su desesperación, optó por terminar con su vida. Durante esos últimos días, el desaliento se había convertido en una presencia constante, convenciéndolo de que era inútil seguir buscando trabajo, que jamás lo encontraría, hasta el punto de que esa negatividad se hizo casi tangible, visible incluso para los perceptivos ojos de su esposa.

Conozco a varias personas que se encuentran profundamente deprimidas y desmoralizadas por sus pensamientos pesimistas y desalentadores, poniendo en grave riesgo su futuro éxito y su felicidad duradera. Su desempleo temporal ha permitido que el desaliento invada sus mentes, con visiones tan oscuras y deprimentes, que caminan como una persona demente por los maravillosos caminos que se les han asignado para disfrutar. Solo pueden ver el sombrío mundo mental que sus pensamientos negativos han creado, y no son conscientes del mundo luminoso, alegre y soleado que les rodea. En realidad, están en un estado de locura temporal, porque cualquier depresión mental, sea cual sea su causa inmediata, es de alguna manera un desorden mental, una confusión y una infelicidad que son siempre consecuencia de un pensamiento erróneo.

Es un hecho conocido que la preocupación y el desaliento provocan cambios químicos en el cuerpo, que realmente producen venenos. Estos venenos debilitan la resistencia tanto física como mental y dejan a la persona expuesta a toda clase de infortunios. En nuestros días, hay miles de personas con salud deteriorada y en situaciones precarias, arrastrándose entre el descontento y la desdicha, cuando podrían estar felices y lograr grandes cosas si no fueran presa de un estado desalentador, un estado que en gran parte es resultado de su propio temor y preocupación. Sus mentes están desajustadas, perturbadas y no aptas para enfrentar los desafíos actuales, ya que están divididas, con una parte proyectando hacia el futuro anticipando toda clase de males y desdichas, y la otra parte mirando hacia atrás al pasado, lamentando lo que han hecho o lo que han dejado de hacer.

Uno de los aspectos más tristes en mi trabajo es escuchar los relatos de desdicha de personas que han perdido su coraje y ambición. Me escriben contándome que han destruido sus carreras y que ahora solo les queda vivir desesperanzadamente e infelices. Expresan remordimientos como: '¡Si tan solo no hubiera renunciado en un momento de desaliento!' o '¡Si no hubiera cedido a la nostalgia de mi casa y no hubiera abandonado la universidad!" Se lamentan diciendo: 'Si tan solo hubiera persistido con mi negocio, con mi práctica legal, mi trabajo en ingeniería, solo un poco más, hasta que el éxito me alcanzara, si solo hubiera continuado, ¡qué diferentes serían las cosas ahora!' Pero me desilusioné, me sentí triste y desanimado y decidí intentar algo más fácil. Nunca he estado contento o satisfecho conmigo mismo desde que me acobardé y decidí volver atrás, pero ya es demasiado tarde para hacer un cambio'.

Hoy día, existen millones de personas ocupando puestos inferiores o mediocres, quienes podrían estar logrando grandes cosas si no se hubieran rendido al desaliento al principio y no hubieran arruinado potencial de sus vidas. Nueve de cada diez individuos en el gran ejército de los fracasados están ahí porque no estaban preparados para enfrentar obstáculos y contratiempos, y se asustaron al encontrarse con ellos. Les faltaba la visión para mirar más allá de los impedimentos y mantenerse firmes a pesar de las dificultades, decepciones y reveses. Hay personas que parecen abrazar la tristeza y la melancolía; como diría Carlyle, son 'ricos en la capacidad de ser miserables'. Conozco a una mujer cuya disposición está tan inclinada al desánimo y al abatimiento que el menor incidente la sume en la tristeza. Siempre parece estar lista para recibir a toda la familia de la tristeza; y el primero en entrar arrastra consigo a todos sus parientes: desaliento, desánimo, desesperación, miedo, preocupación y todo lo demás. Estos la mantienen cautiva durante días, expulsando todo lo demás, toda la felicidad, el coraje, la confianza e incluso la cordura. La indulgencia hacia la tristeza y estados de ánimo malsanos es peligrosa para el desarrollo del carácter y el éxito. Con el tiempo, se convierte en un hábito arraigado, una enfermedad, y cualquier pequeño contratiempo o decepción hace que su víctima pierda el equilibrio, apaga su entusiasmo por el trabajo, reduce su eficiencia y por un tiempo su competencia. Eventualmente, actúa como una parálisis progresiva, despojándola de toda iniciativa, todo poder y energía, todo deseo incluso de actuar.

Conozco a un hombre cuyo desaliento habitual lo ha llevado a una especie de inanición vital, afectando su vida entera. Este hombre es una vívida demostración del efecto nocivo que tienen los pensamientos negativos. Uno puede percibir en él un potencial de grandeza que nunca se ha manifestado. Sus energías están atrapadas en su interior. Está constantemente consumido por el miedo, la preocupación y la ansiedad. El desaliento lo cubre como un manto, sofocándolo. Su actitud, sus gestos, su expresión y sus palabras, todo revela encogimiento y marchitamiento, una falta de competencia que resulta de sus tristes estados mentales. Se siente insatisfecho, inquieto e infeliz, torturado por la sensación de una ambición frustrada, y a pesar de haber trabajado arduamente toda su vida, su mentalidad desequilibrada y su actitud desmoralizada han reducido su eficiencia en más de la mitad, dejándolo muy por detrás de lo que podría haber alcanzado con su capacidad natural. Una de las características de un alma fuerte y arraigada en la fe, es su habilidad para sobreponerse al desaliento, la melancolía y la tristeza, así como a cualquier inclinación hacia la cobardía y la autocompasión. No importa lo que suceda, cuáles obstáculos o desafíos se interpongan, estas almas nunca pierden la esperanza ni sucumben ante las decepciones y fracasos. No es que sean insensibles a estas adversidades, sino que no permiten que estas los desvíen de su propósito o aplasten su deseo de triunfar.

"Los mayores obstáculos para nuestro éxito residen en nuestras propias mentes, y no existe persona tan débil que no sea capaz de conquistar los pensamientos más destructivos con la ayuda de la química mental. Esto significa buscar antídotos contra esos pensamientos nocivos y entrenar la mente para que se oriente hacia la luz en vez de la oscuridad. Un pensamiento abatido y desalentador puede ser instantáneamente neutralizado por un pensamiento de coraje y esperanza, del mismo modo que un ácido puede ser instantáneamente neutralizado por un álcali. Las leyes de la mente son tan científicas como las leyes de la física. No es posible tener dos pensamientos opuestos en la mente al mismo tiempo, uno neutraliza o expulsa al otro. Siempre podemos desplazar un pensamiento negativo y destructivo de miedo, manteniendo con persistencia en la mente su opuesto, un pensamiento positivo, valiente y constructivo. El gran psicólogo William James, dijo: "Silbar, para mantener el ánimo, no es una expresión figurada. Por otro lado, si pasas todo el día sentado en una postura abatida, suspirando y respondiendo a todo con una voz triste, tu melancolía se mantendrá". Esto significa que, a través de nuestros pensamientos y acciones, podemos atraer hacia nosotros mismos tanto el coraje como el desaliento. En otras palabras, tenemos el poder de cambiar nuestra actitud mental cuando lo deseemos; y al cambiar nuestros pensamientos, cambiamos nuestra realidad.

Por ejemplo, si estás buscando trabajo y no encuentras; si has enfrentado contratiempos y no sabes de dónde puede venir tu próximo dólar; si sientes que no encajas, si has cometido errores, o si por alguna razón te sientes desanimado y tentado a ceder ante la adversidad, en lugar de llevar una actitud de derrota y desánimo, cambia inmediatamente tu postura y adopta la actitud de un ganador en la vida. Di a ti mismo: 'Dios no creó a nadie para ser un fracasado. A todos sus hijos les otorgó cualidades para asegurar el éxito, cada uno en su ámbito particular. Solo necesitamos hacer uso de ellas. Estoy destinado al éxito, ya que comparto los atributos del Creador del universo, del Omnipotente. Ahora emplearé el Poder Divino dentro de mí para lograr lo que deseo hacer; para conseguir el puesto que anhelo; para satisfacer todas mis necesidades. El fracaso no puede acercarse a mí. Soy exitoso ahora, porque soy Uno con el Todopoderoso'.

Si mantienes resueltamente esta actitud mental, te sorprenderás de la valentía que te infundirá y de cómo tus dificultades se disiparán ante ella. El general Foch afirmaba que una batalla perdida es aquella que crees que no puedes ganar. Incontables batallas han sido ganadas por la firme determinación de un solo general, que no perdió la esperanza, incluso cuando todos los demás la habían perdido. 'Este ejército no ha sido derrotado, tú has sido derrotado', ha sido la réplica constante de grandes generales a los desalentados que querían abandonar la lucha. Son los Joffres, los Fochs, los Grants, los hombres de inquebrantable fe y coraje, quienes han logrado convertir la derrota en victoria. A lo largo de la historia, se han obtenido gloriosas victorias, no gracias a multitudes, sino gracias a individuos solitarios que poseían un enorme coraje, una poderosa fe en sí mismos y en su misión, y una resolución inflexible de triunfar. En numerosas ocasiones, tales almas valientes han salvado el día cuando sus compañeros ya se habían rendido, incapaces de ver algo más que la derrota, donde la voluntad de conquistar solo veía la victoria.

En este mismo momento, hay alguien, mi amigo desalentado e inseguro, que podría ocupar tu lugar y lograr el éxito con los mismos recursos que tú consideras insuficientes para la tarea que debes realizar. Existe alguien que no tiene más habilidad que la tuya, quien podría encontrar una oportunidad excepcional en la situación que a ti te parece desesperada y desalentadora. Un gran científico dijo que cuando se enfrentaba a lo que parecía ser un obstáculo insuperable, a menudo estaba al borde de un descubrimiento importante. El momento en que es más crucial aferrarse a la fe y al coraje es cuando el camino está tan oscuro que no puedes ver adelante. Si sigues avanzando hacia tu objetivo, cuando todo parece estar en tu contra, cuando la duda y el desánimo intentan hacerte rendir, retroceder, volverte un cobarde y abandonar, justo entonces es cuando estás más cerca de la victoria de lo que imaginas. Si nunca pierdes tu fe en tu Poder Divino, otorgado por Dios, para superar las desventajas o cualquier obstáculo que pueda surgir en tu camino, entonces nada puede derrotarte, porque estarás en asociación consciente con la Omnipotencia.

CAPÍTULO 11

HAZ QUE TU MENTE SUBCONSCIENTE TRABAJE PARA TI

Cuando todas las personas aprendan a utilizar el poder de su mente subconsciente en su beneficio, no habrá más individuos en la pobreza, ni sufriendo angustia, dolor o mala salud; nadie será infeliz o se sentirá víctima de ambiciones no realizadas.

Tu mente subconsciente es como un jardín, y debes ser cuidadoso con lo que siembras allí. Cada pensamiento, cada emoción, cada sugerencia actúa como una semilla plantada en este suelo subconsciente, y producirá una cosecha de su misma naturaleza. Independientemente del tipo de semillas de pensamiento que plantes, ya sea pobreza o prosperidad, fracaso o éxito, felicidad o miseria, cosecharás exactamente lo que has sembrado.

Si imprimes de manera vívida, intensa y persistente en la mente creativa en el Gran interior, tu determinación de ser lo que anhelas ser; si declaras firmemente tu intención de tener éxito en realizar lo que deseas hacer; y te esfuerzas al máximo para sostener esos anhelos, nada en el mundo podrá impedir tu éxito.

Cada gran inventor, cada descubridor relevante, cada genio en su campo ha experimentado la emoción de esa fuerza divina interior, ese misterioso poder que, aunque no es de la carne, opera desde detrás de ella. Este poder ha venido en su ayuda en la creación de un artefacto, un descubrimiento, un libro, una pintura, una composición musical magistral, un poema, o cualquier otra cosa que intentaran crear o descubrir.

Anticipo que, en los próximos veinticinco años, la persona promedio, gracias a su conocimiento del poder infinito y las posibilidades de la mente subconsciente —esa fuerza misteriosa dentro del gran interior— será capaz de lograr más de lo que las mentes más brillantes de todos los tiempos jamás imaginaron.

La ciencia ha descubierto el mecanismo del cuerpo y ha dominado los secretos de su extraordinaria estructura y funcionamiento; pero el misterio de la mente todavía no se comprende muy bien. Son muy pocas las personas que tienen siquiera una comprensión superficial de sus vastos poderes ocultos. El cuerpo queda inerte e inconsciente durante el sueño, cesando todas sus actividades voluntarias. Pero, ¿qué ocurre con la mente cuando el cuerpo duerme? Sabemos que no descansa, ya que, mientras el cuerpo está sumido en el sueño, la memoria y la imaginación se liberan y van a donde quieran. Vagan en escenas del pasado o se proyectan hacia el futuro. Recorren escenas del pasado o se proyectan hacia el futuro, visitando California, Londres, París o incluso las estrellas. ¿Qué forma asumen? ¿Adquieren una manifestación visible? Ciertamente, parecen actuar de manera completamente independiente del cuerpo durante el sueño.

La nueva psicología explica de manera sencilla el misterio de la mente. Sostiene que esa parte de la mente que sigue activa mientras dormimos es la misma fuerza maravillosa en el Gran interior que, si se entiende y se usa correctamente, permitirá a cada individuo alcanzar las cimas de sus posibilidades ilimitadas. Sabemos que estamos alcanzando una nueva fuente de poder. Cuando aprendamos a hacerlo de manera inteligente y científica, realizaremos lo que hasta ahora hemos considerado milagroso.

Estamos comenzando a reconocer que la mente subconsciente es el canal a través del cual nos conectamos con el suministro ilimitado; con los grandes procesos creativos del universo; que a través de ella, las personas pueden alcanzar la Mente Infinita y lograr cosas que harán que nuestros actuales logros parezcan insignificantes.

En términos de resultados, todo depende de cuán inteligente y conscientemente usemos la mente subconsciente, ya que esta está constantemente registrando en la sustancia creativa invisible cada pensamiento, emoción, deseo, aspiración o sentimiento. Nunca duerme, sino que trabaja sin cesar en las sugerencias que recibe de la mente consciente u objetiva. Tus pensamientos habituales, tus convicciones, visiones, sueños y creencias están todos impresos en ella, y eventualmente se manifestarán en tu vida.

En otras palabras, tu mente subconsciente actúa como un sirviente que obedece instantáneamente las órdenes y sugerencias que le das, sin objeciones ni cuestionamientos, independientemente de si se trata de algo grande o pequeño, correcto o incorrecto. Por ejemplo, si necesitas levantarte temprano para tomar un tren, o en medio de la noche por alguna razón, y no estás acostumbrado a hacerlo, pero te dices a ti mismo antes de dormir, 'debo despertar a tiempo para coger el tren por la mañana' o 'debo levantarme a la una de la madrugada', seguro te despertarás a la hora exacta que indicaste, incluso si no has estado despierto a esa hora en mucho tiempo. Sin alarma ni nadie que te despierte, ¿qué te saca del sueño en el momento preciso? Probablemente, nunca te lo hayas preguntado o pensado en ello. Pero fue ese pequeño y fiel sirviente subconsciente el que estuvo alerta mientras dormías. Lo mismo ocurre con nuestras citas y compromisos futuros. Puedes acordar encontrarte con alguien mañana o en algún día de la próxima semana en un lugar y hora específicos. No haces una anotación escrita y el asunto sale de tu mente. Pero cuando llega el momento, recuerdas tu compromiso. Por mi larga experiencia, sé que algo dentro de mí traerá a mi conciencia cada compromiso a tiempo para que pueda cumplirlo. No sigo pensando en ello constantemente. Simplemente, lo 'archivo' en mi interior, como archivaría una carta comercial en mi oficina para referencia futura. Luego lo descarto de mi mente, sabiendo que se atenderá en el momento adecuado. La persona entrenada aprende a confiar todo tipo de cosas a su secretaria subconsciente, sabiendo por experiencia que le servirá fielmente, no solo en cosas relativamente menores, como despertar a una hora determinada o recordarle constantemente sus compromisos, sino también en los asuntos serios de la vida.

Edison mencionó que cuando se enfrentaba a un gran problema en su trabajo y no sabía cómo resolverlo, simplemente se iba a dormir y, a menudo, al despertar por la mañana, encontraba su problema resuelto de maneras que jamás había imaginado. Varios de sus inventos se completaron de esta forma. Conozco a muchos empresarios y profesionales que actúan como Edison cuando se enfrentan a problemas serios; optan por dormir antes de tomar una decisión. De hecho, es bastante común que, al considerar un problema importante, digamos: "Debo conversarlo con la almohada antes de decidir, es muy importante". ¿Qué significa realmente 'conversarlo con la almohada'? Aunque quizás no lo comprendamos o no podamos explicarlo claramente, lo que sucede es lo siguiente: tu mente subconsciente toma el problema en el punto en que tu mente consciente lo dejó al dormirte, y por la mañana descubres que se ha elaborado por ti. Tu sabiduría subconsciente ha intervenido, brindándote el beneficio de su asesoramiento y permitiéndote tomar la decisión correcta.

Cuando todas las personas aprendan a utilizar su mente subconsciente en su favor, ya no habrá personas viviendo en la pobreza, angustia, sufrimiento, dolor o mala salud; nadie será infeliz o víctima de anhelos no realizados. Entonces comprenderemos que todo lo necesario para hacer realidad nuestros sueños, para alcanzar la prosperidad y la felicidad, es simplemente dar las instrucciones correctas a nuestro secretario invisible y continuar con el esfuerzo necesario. Imprimir en tu mente subconsciente las cosas que deseas hacer realidad, los objetivos que aspiras alcanzar, y grabar el ideal de la persona que anhelas ser, es el primer paso hacia su realización. Mantén la convicción en tu conciencia de que lo que deseas ya está en camino hacia ti, trabaja hacia ello con confianza, sabiendo que puedes atraer de la energía creativa de la mente universal cualquier cosa que desees, y seguramente vendrá a ti, porque así iniciarás el proceso de creación en tu Gran interior.

Los primeros pasos que llevan a la creación de cada gran obra de arte y genialidad en el mundo, ya sea de manera consciente o inconsciente, son la puesta en movimiento de este proceso. Estos pasos se han seguido en la creación de nuestros ferrocarriles, barcos, hogares, grandes monumentos y edificios, ciudades, sistemas de telégrafo, teléfono e inalámbricos, aviones y todas las maravillas de los inventos modernos. Edison afirmó que él era simplemente un canal para transmitir, desde la gran inteligencia y energía cósmica que impregna el universo, algunos de los infinitos dispositivos destinados a liberar a los seres humanos de cualquier forma de labor forzada. Creía que las mejores cosas que había dado al mundo simplemente habían sido transmitidas a través de él hacia sus semejantes, provenientes de la Fuente Infinita de todo suministro.

Aunque la mente subconsciente es todopoderosa en la ejecución del patrón o idea que le proporcionamos, no lo genera por sí misma. Por lo tanto, el tipo de material que entregues a tu mente subconsciente para trabajar hará toda la diferencia. Puedes convertirla tanto en una enemiga como en una amiga, porque hará lo que te lastime, tan rápido como lo que te bendice. No por maldad, sino porque carece de poder discriminatorio, similar al suelo en el que el agricultor siembra su semilla. Si el agricultor siembra por error semillas de cardo en lugar de trigo, la tierra no le dice: "Amigo mío, has cometido un error. Has estado sembrando cardo en vez de trigo, así que cambiaremos la ley para que puedas obtener lo que creías que obtendrías". No, la tierra siempre nos dará una cosecha según nuestra siembra. Si se siembran cardos, la tierra producirá cardos con la misma fidelidad con que produciría trigo, repollos o papas. La naturaleza siempre nos da una cosecha que corresponde a nuestra siembra; esa es la ley en el plano físico. Lo mismo ocurre en el plano mental. La mente subconsciente, como el suelo, es pasiva. La mente objetiva la utiliza, emitiendo comandos o sugerencias, los cuales lleva a cabo de acuerdo con su naturaleza. Es decir, la mente objetiva o consciente planta la semilla en forma de palabras, motivos, pensamientos o actos, y la mente subconsciente nos devuelve lo propio; siempre lo que corresponde a lo que le hemos impreso. En otras palabras, la mente subconsciente no tiene otra opción que seguir la dirección que le damos. Por lo tanto, es crucial que nuestras instrucciones a este sirviente invisible sean en nuestro beneficio y no en nuestro perjuicio; que la alimentemos, no con las cosas que no queremos, las cosas que odiamos, tememos y nos preocupan, sino con aquello que anhelamos y nos esforzamos por alcanzar.

Si estás trabajando duro, sin embargo, no progresas hacia tu ideal; si estás en la pobreza y la miseria - aunque estés luchando constantemente para alejarte de esas condiciones - no estás obedeciendo la ley que gobierna el subconsciente. Tu pensamiento tiene la culpa; estás pensando en pobreza, pensando en el fracaso; tu mente está llena de dudas y miedos; estás trabajando contra la ley en lugar de trabajar con ella; estás neutralizando todos tus esfuerzos por tu actitud mental errónea.

Algunas personas, mediante su fe inquebrantable y confianza en sí mismas, logran acceder a los poderes dormidos del Gran interior y trabajan inconscientemente con la ley que los rige. Dondequiera que una persona esté haciendo cosas extraordinarias o luchando heroicamente por un gran objetivo, descubrirás que, consciente o inconscientemente, está obedeciendo esta ley, haciendo enormes demandas a su mente subconsciente. Registran los propósitos de su vida con tanta intensidad y trabajan tan persistentemente y con tanta confianza en esa dirección, que su objetivo se cumple inexorablemente. Luther Burbank, por ejemplo, logró grandes avances en el mundo vegetal porque hizo grandes demandas al poderoso agente interno, su mente subconsciente. No neutralizó sus demandas con dudas y miedos sobre si se cumplirían o no. Hizo sus demandas, dio sus órdenes, persistentemente, enfáticamente, con vigor y determinación, y fueron ejecutadas fielmente. De la misma manera, consciente o inconscientemente, Madame Curie realizó algunos de los descubrimientos más notables en el mundo científico. Todos podemos lograr nuestros fines y alcanzar nuestros anhelos de vida haciendo lo que ellos y todos los grandes triunfadores han hecho: trabajar con la ley.

No somos, como se nos enseñó en el pasado, pequeños fragmentos de mente arrojados al espacio, luchando cada uno por su cuenta; en realidad, todos formamos parte de la mente infinita, de la inteligencia cósmica y la energía del universo. Somos la creación de la única Mente Suprema, que hizo surgir todo lo existente de lo invisible, y dado que lo creado debe tomar parte de las cualidades del Creador, las personas comparten aspectos de la omnisciencia y omnipotencia de esta Mente Suprema, la misma que otorgó a la humanidad dominio sobre la tierra y todo lo que en ella reside. Esto implica que, en lo que respecta a nuestro mundo, realmente estamos en asociación con Dios, que somos co-creadores con la gran inteligencia creativa que se manifiesta en todo el universo.

Los maravillosos logros de la humanidad en los últimos siglos solo pueden explicarse a través de su cooperación con su Creador. Es el espíritu de Dios en el individuo, trabajando en armonía con el espíritu de Dios en la gran inteligencia cósmica del universo, lo que ha hecho posible los avances en ciencia e invención; descubrimientos que nuestros antepasados habrían considerado ridículos o fruto de la imaginación de una mente desequilibrada, si alguien hubiera sugerido tales posibilidades. La telegrafía y telefonía inalámbrica, el automóvil, el avión; el uso de la electricidad para el trabajo en nuestras fábricas y hogares; los avances en cirugía para reconstruir cuerpos; los descubrimientos en astronomía; los cables submarinos que conectan los extremos del mundo; la construcción de ferrocarriles bajo ríos y calles de grandes ciudades; los trabajos de científicos en todos los campos, de agricultores, horticultores, naturalistas y ganaderos, quienes están logrando en el reino animal lo que Luther Burbank hizo en el mundo vegetal, todo esto es el resultado de que las personas se acercan a la gran energía creativa y cooperan con la Omnipotencia, moldeándola para sus propósitos.

Según la ciencia, 'la naturaleza sin ayuda falla'. En otras palabras, el ser humano es colaborador de Dios en la Tierra, y su tarea es elevar todo, incluido él mismo, hacia la máxima posibilidad del plan divino.

Existe un poder en el individuo, más allá de lo físico, que, trabajando en conjunto con la inteligencia cósmica divina, les permitirá realizar actos que actualmente apenas podemos concebir. Nada de lo que imaginemos o soñemos es imposible, porque formamos parte real del poder creativo que realiza milagros en todo el universo. Es decir, aparentes milagros, ya que todo sigue una ley que no puede ser violada para realizar lo que nos parece milagroso. En la conciencia de las poderosas posibilidades de la mente subconsciente para conectarse con la mente universal reside el secreto del infinito principio creativo, del poder ilimitado. En tu mente subconsciente hay poderes que, si se despiertan y utilizan, te permitirían hacer lo que otros consideran 'imposible'. Tu ideal, el deseo de tu corazón, por muy inalcanzable que parezca en el presente, es una profecía de lo que se hará realidad en tu vida si haces tu parte. Solo en nuestros extremos tocamos nuestro verdadero poder, recurriendo inconscientemente al Gran interior. Muchas personas en el ejército del fracaso hoy, con apenas energía para mantenerse vivas, tienen fuerzas dormidas en su interior que, si se despertaran, les permitirían realizar maravillas. El gran problema para la mayoría de nosotros, incluso para aquellos que han estudiado a lo largo de estas líneas, es que nuestras demandas sobre nosotros mismos son tan débiles, y nuestro llamado al Gran interior tan esporádico y débil, que no causamos una impresión vital o permanente en las energías creativas; carecemos de la fuerza y la persistencia necesarias para transformar los deseos en realidades.

Cuando comprendemos que es a través de nuestro ser subconsciente, en el Gran interior nuestro, que nos conectamos con la fuente de Todo-Suministro y de toda alegría y satisfacción posible; que aquí se inician los grandes procesos creativos que hacen realidad nuestros sueños, resulta sorprendente que no aprovechemos más esta enorme fuerza. La ley que rige el subconsciente opera infaliblemente cuando se cumplen las condiciones necesarias. Trabaja con la ley, no en su contra, y nada impedirá tu éxito. En otras palabras, permite que tu mente subconsciente te ayude en lugar de obstaculizar. Proporciónale el pensamiento correcto, la instrucción correcta y los ideales correctos para trabajar; enfócate en pensamientos de éxito en lugar de en pensamientos de fracaso, en pensamientos brillantes y alegres, en lugar de sombríos y desalentadores; nunca albergues un pensamiento que no esté en línea con tu ideal o anhelo; sin importar las condiciones o los obstáculos, persiste en visualizar vívidamente tu éxito, nunca permitas que la duda o el temor se interpongan entre tu confianza y la creencia de que lograrás lo que deseas, lo que estás trabajando con todo tu corazón. Te sorprenderás de lo que tu fiel secretaria, trabajando en armonía con la inteligencia creativa, hará por ti.

Las fuerzas creativas internas son más activas durante la noche que durante el día y son especialmente receptivas a las sugerencias que se les dan antes de quedarnos dormidos. Durante el sueño, la mente consciente está inactiva, permitiendo que la mente subconsciente opere continuamente sin las objeciones o interrupciones que normalmente presenta durante el día. Por ello, es crucial que le proporciones al subconsciente el mensaje y el modelo adecuados para trabajar durante la noche. Haz esto antes de dormir y tu mente subconsciente trabajará a lo largo de la noche para lograr tu anhelo o deseo. Nunca te quedes dormido en un estado de ánimo negativo o abatido. No interrumpas el funcionamiento de la inteligencia creativa en ningún momento con dudas o miedos. La duda es un gran enemigo que ha neutralizado los esfuerzos y ha matado el éxito de miles de personas.

Vive siempre con la conciencia de que eres exitoso en lo que emprendas y los procesos creativos dentro de ti, trabajando fielmente de acuerdo al modelo que les proporcionas, producirán lo que deseas.

PENSANDO EN SALUD Y PROSPERIDAD

Cada célula en nosotros piensa. —Thomas Edison.

Cada célula en el cuerpo es un ser consciente inteligente. —Profesor Nels Quevli.

Piensa y di sobre ti mismo y tu futuro sólo aquello que deseas hacer realidad.

Como cada célula en tu cuerpo se renueva constantemente, ¿por qué no infundir nuevos pensamientos, nueva vida en tus células en lugar de arrastrar contigo todos los viejos esqueletos del pasado?

La mente de las células a lo largo de tu cuerpo sabe si eres un maestro o no. Saben si te enfrentas al mundo como conquistador o como conquistado, como maestro o como esclavo, y actúan en consecuencia. Devuelven a tu vida el reflejo de tus pensamientos, tus motivaciones y tus convicciones. Tu condición se corresponderá con la actitud mental que reflejan.

Pensar en la totalidad, integridad y perfección de las células las alentará y estimulará. El funcionamiento de todas las células del cuerpo, así como el de los diversos órganos, disminuye cuando tenemos pensamientos oscuros y desalentadores, y todas nuestras facultades mentales se corresponden con nuestra condición física.

Cuando los médicos le dijeron a Jane Addams, una joven recién graduada de la universidad, que no viviría más de seis meses, ella respondió: 'Está bien, tomaré esos seis meses para acercarme lo más posible a la única cosa que quiero hacer por la humanidad'. ¿Qué sucedió? La firme expresión de su determinación de seguir su corazón se grabó de manera indeleble en cada célula de su cuerpo, desde el centro de su cerebro hasta la punta de sus dedos. Esto hizo que su cuerpo comenzara de inmediato a trabajar en su salud. Ocho años después de que las autoridades médicas le dieran solo seis meses de vida, fundó Hull House en Chicago, una de las primeras casas de acogida, que se hizo mundialmente famosa. Jane Addams se convirtió en una figura internacional y líder en diversas fases del gran movimiento moderno para mejorar el mundo. Si en lugar de transmitir un mensaje positivo de vida y trabajo, ella hubiera impregnado sus células con la negativa predicción de sus médicos, diciendo que iba a morir en seis meses, ¿qué habría ocurrido? Ella habría muerto, porque las células habrían aceptado una sugerencia tan fácilmente como la otra. En lugar de ponerse a trabajar para reparar y construir el cuerpo, habrían dejado de funcionar; los diversos órganos y tejidos se habrían desintegrado, y el mundo nunca habría oído hablar de Jane Addams o su gran obra.

Cuando comprendemos completamente el poder que Jane Addams utilizó inconscientemente al descartar el pensamiento de la muerte y reemplazarlo con el pensamiento de la vida, podemos incorporar a la estructura misma de nuestros cuerpos todo lo que deseamos que expresen.

Si no estamos satisfechos con los cuerpos que tenemos ahora, literalmente podemos construir otros nuevos, porque cada una de las miles de millones de diminutas células que componen el cuerpo humano es una entidad viva, pensante y trabajadora. Al igual que la sensible placa de una cámara, registra en su estructura la imagen de cada emoción, pensamiento o impresión que pasa a través de nuestra conciencia. El autor de ese fascinante libro, "La inteligencia de las células", dice: "La célula es un ser consciente e inteligente, y por eso planifica y construye todas las plantas y animales de la misma manera en que el ser humano construye casas, ferrocarriles y otras estructuras". Es decir, cada célula cumple su función en la construcción del cuerpo, estableciendo la vida de acuerdo con las pautas que sugerimos, al igual que el albañil, el carpintero y otros trabajadores construyen una casa siguiendo el plan del arquitecto. No solo eso, sino que los científicos ahora creen que las células que constituyen los diversos órganos del cuerpo, como el cerebro, el corazón, el hígado, los riñones, los pulmones, etc., tienen lo que se llama "inteligencia de órgano". Estas células son susceptibles a sugerencias mentales para la salud o enfermedad de su órgano particular. En otras palabras, la pequeña comunidad de células que forma el corazón piensa y trabaja para el corazón; la comunidad cerebral trabaja para el cerebro; la comunidad estomacal trabaja para el estómago, y así sucesivamente. Todos juntos forman un enorme ejército de pequeños trabajadores del cuerpo que responden instantáneamente a cualquier pensamiento que les imprimamos.

Por ejemplo, si hubiera una tendencia a la enfermedad al acecho en cualquier parte de tu cuerpo; si tus órganos digestivos, tu corazón, tus riñones, tu hígado u otro órgano no funcionara normalmente, entonces, enviando pensamientos alentadores, energizantes y estimulantes, sugiriendo salud y plenitud a las células de la comunidad y llevando un estilo de vida saludable, puedes neutralizar la tendencia a la enfermedad y restaurar la normalidad en el órgano. Las inteligentes células harán exactamente lo que sugiere tu pensamiento: trabajarán para la salud y eliminarán la tendencia a la enfermedad. En el mismo principio, si se sugiere el pensamiento opuesto, el pensamiento de enfermedad, de anormalidad, a estas pequeñas mentes celulares que ya tienen tendencia a la enfermedad, entonces se agravará el problema y se acelerará el desarrollo de la enfermedad en el sistema. He escuchado a un hombre maldecir su estómago y sus órganos digestivos por no digerir su comida adecuadamente. Cada vez que se sienta a la mesa, comienza a quejarse sobre la comida que le hace daño. Él dice: 'No puedo comer esto; mi estómago no puede digerirlo bien. No puedo digerir esto; no puedo digerir aquello. Es inevitable que me cause problemas si intento comerlo. Ojalá tuviera un estómago decente en lugar de este bueno para nada que tengo'. Ahora, ¿cómo puede un hombre inteligente esperar la cooperación de su estómago y sus órganos digestivos cuando está enviando pensamientos tan discordantes a las mentes de sus células? Cuando está constantemente culpando y maldiciendo a esos órganos por no funcionar normalmente, recriminándolos por causarle dolor y aflicción, ¿cómo puede esperar que hagan su mejor trabajo y lo sirvan alegre y eficientemente? Esos órganos son como niños o empleados, y una persona razonablemente podría esperar obtener un servicio alegre, dispuesto y eficiente de sus hijos o sus empleados, tratándolos con respeto y cuidado, en lugar de maltratarlos y culparlos.

El estado de tu cuerpo es un reflejo de tu pensamiento habitual sobre él, tu actitud mental general y tus creencias con respecto a tus diversos órganos. Cuando piensas en tu corazón como débil, en tu hígado como lento, en tus riñones como enfermos; cuando dices: 'Estoy enfermo, estoy desanimado, estoy cansado, estoy deprimido, estoy totalmente agotado, no tengo ganas de nada', ¿sabes qué estás haciendo a las pequeñas mentes de las células a lo largo de todo tu cuerpo? Estás debilitándolas y desmoralizándolas; estás imprimiendo en su estructura misma tu pensamiento desalentado, desanimado, la imagen de debilidad, de ineficiencia, y su funcionamiento se deteriorará en consecuencia.

El pensamiento débil, desalentador, pesimista o enfermizo produce una condición similar en cada célula del cuerpo, y el cuerpo sufre en proporción a la persistencia de tales pensamientos. Estos pensamientos tienden a debilitar y destruir los tejidos del cuerpo, paralizando las funciones de la vida. La base real de todas las formas de curación mental radica en el hecho de que las células del cuerpo son todas vivas e inteligentes; responden a nuestro pensamiento, a nuestra inteligencia y a nuestras sugerencias para ellas. Hace una gran diferencia para el sanador mental saber que, en lugar de enviar su pensamiento a una masa de células muertas, cada una de ellas no solo está viva, sino que también responde a su actitud mental de la misma manera que lo haría un niño inteligente. Él sabe que su pensamiento de salud, su pensamiento elevado, el pensamiento de la totalidad y la completitud, la sugerencia de su origen divino y su poder para construir el cuerpo, para renovar su fuerza y vigor, envía una sensación de ánimo, esperanza y seguridad a través de cada una de ellas, y las impulsa a trabajar en la neutralización de la enfermedad y la restauración de la salud y la vitalidad de su paciente.

Ten cuidado con lo que piensas en estas pequeñas mentes celulares de tu cuerpo, amigo mío, porque volverá a ti no solo en tu condición física sino en todos los aspectos de tu vida. Por ejemplo, cuando piensas en mala suerte, cuando te consideras desafortunado y lo compartes con todos, diciendo que el destino está en tu contra y que no importa lo que hagas, no puedes salir adelante, estás desalentando a estas pequeñas mentes celulares, de la misma manera en que lo haces cuando piensas en enfermedades y mala salud. En otras palabras, las paralizas, y en lugar de funcionar normalmente, funcionan de manera anormal, lo que afecta gravemente tu salud, tus oportunidades de éxito, tu mentalidad y tu capacidad para superar los obstáculos en tu camino. Hay un deterioro en todos los aspectos. Tus pensamientos desanimados y pesimistas te han robado energía y dinamismo; te desmagnetizan para las cosas que estás tratando de atraer, como la salud y la prosperidad.

El problema de mantener el vigor físico, salud abundante y la energía magnética que atrae cosas hacia nosotros desde la inteligencia cósmica se resuelve cuando aprendemos a mantener a todas las pequeñas mentes celulares que forman los diferentes tejidos de los órganos del cuerpo en estado perfecto, para que estén alertas, felices, alegres y esperanzadas. Entonces reflejarán al máximo tu pensamiento creativo, la máxima energía, fuerza y poder físico y mental. Estos pequeños centros creativos son donde nutrimos nuestra firmeza de carácter y determinación. Aquí es donde obtenemos nuestra energía y nuestra fuerza motriz. Por eso debemos ser muy cuidadosos con lo que transmitimos a estas pequeñas mentes celulares, ya sea ánimo o desaliento, esperanza o desesperación, salud o enfermedad, pobreza o prosperidad. En cierto modo, son los niños pequeños de la mente más grande y son muy susceptibles a lo que piensa la mente más grande, las instrucciones que les envía y los diversos impulsos que salen de la estación central del cuerpo: el cerebro.

Si un individuo enfermo y débil quiere ser fuerte y estar bien, debe imprimir una imagen fuerte y saludable de sí mismo en las células que están tratando de reparar y reconstruir. Debe mantener la imagen de sí mismo como le gustaría ser, no como está. Sin embargo, muchos enfermos piensan o dicen algo como esto: '¡Oh, qué enfermo estoy! Me siento tan débil que temo que nunca volveré a estar bien. Nunca seré capaz de hacer nada. Mis sueños solo se burlan de mí y me torturan, porque nunca seré capaz de realizarlos. Parece que mi trabajo aquí ya está hecho. Esta enfermedad me tiene tan fuerte que nunca me dejará. ¿Por qué el Creador permite que los seres humanos sufran de esta manera, torturándolos con el anhelo de hacer algo que nunca pueden hacer, que no tienen la fuerza para realizar?'. Pocas personas se dan cuenta de que cuando tienen esos pensamientos y se visualizan a sí mismas en una condición débil y desesperanzada, están cometiendo un tipo de autodestrucción, como si estuvieran tomando veneno lentamente. Cada célula del cuerpo se envenena y se siente desamparada debido a estos pensamientos negativos. Si imaginas las miles de millones de células en tu cuerpo como pequeñas individualidades, pequeños bailarines, que están danzando al ritmo de tus pensamientos, obtendrás una idea de la influencia de tu mente sobre ellas al elevarte o deprimirte. Ellas bailan la danza de la vida o la danza de la muerte, la danza de la enfermedad o la danza de la salud, la danza de la pobreza o la danza de la prosperidad, la danza del amor o la danza del odio, la danza de la felicidad o la danza de la miseria, la danza del éxito o la danza del fracaso, en respuesta a la melodía de pensamiento que tú les proporcionas. Muchas personas se convierten en inválidas o semi-inválidas durante toda su vida debido a las melodías de pensamiento que arrastran por el suelo, sosteniendo la desalentadora creencia de que nunca estarán bien, de que siempre serán más o menos indefensas. Si cambiaran su creencia, su condición física cambiaría inmediatamente. Esto se ha demostrado una y otra vez mediante los aparentes milagros realizados por sanadores mentales, quienes simplemente cambian la dirección de la mente del paciente, volviendo su pensamiento de condiciones anormales y enfermas a condiciones sanas y saludables. Luego, las pequeñas células comienzan a bailar al ritmo de la nueva melodía, la melodía de la vida y la totalidad, y el cuerpo responde de inmediato con renovada vitalidad y vigor.

Nada ayudará más para transformar tu vida, tu personalidad y tu entorno en lo que deseas que sea, que el hábito diario de pensar en las mentes de las células de tu cuerpo y lo que deseas que expresen: salud, prosperidad, éxito, felicidad, alegría, buena voluntad, armonía, paz, energía y poder divino. Puedes hacer esto todas las mañanas antes de comenzar tu día y durante cualquier momento libre que tengas. Lo importante es mantener fuera de tu mente todos los pensamientos perjudiciales. En el momento en que alguno de estos pensamientos encuentre entrada y se le permita permanecer, comenzará a debilitarte y destruirte. Estos pensamientos pueden afectar tu eficiencia, tu salud y tu felicidad. Si algo durante el día altera tu equilibrio o autocontrol, y sientes que la ira se apodera de ti, trata de recuperar el control lo más rápido posible, ya que nada es más perjudicial para un individuo que la inarmonía mental de cualquier tipo. Puedes hablar de paz a las miles de millones de células turbulentas, de la misma manera que Cristo habló de paz a las aguas turbulentas del mar. Cuando les transmites la nota de armonía, ellas responderán. Siempre reflejarán lo que les sugieras. Cuando la mente maestra se expresa, ellas obedecen.

Cambia tu pensamiento inarmónico y cambiarás la condición de los miles de millones de pequeñas entidades celulares en tu cuerpo. En resumen, cualquier cosa que quieras que exprese tu vida, piénsalo en esas entidades y se cumplirá; porque ellas son tus compañeras, trabajando en equipo contigo. Piensa en cada célula de tu cuerpo como un pequeño trabajador tuyo, un pequeño productor, una pequeña entidad inteligente e independiente, que coopera con la gran inteligencia universal y el gran propósito cósmico. Imagina las células colectivamente como una miríada de ejércitos unidos por el Poder Supremo y trabajando juntos para convertirte en una personalidad dominante y enérgica, un hombre o una mujer capaz de conquistar cualquier entorno y dominar cualquier condición desafortunada que el pensamiento equivocado haya manifestado. Nunca te permitas pensar en debilidad, pobreza o condiciones empobrecidas, carencias o limitaciones de ningún tipo. Eres un hijo de Dios; piensa en consecuencia. Piensa de acuerdo con tu herencia inmortal. Piensa en grande, porque eres grande. Piensa generosamente, porque estás hecho para expresar generosidad. No estás destinado a una pequeña economía, sino a una gran abundancia; fuiste creado para una vida abundante, no para una vida escasa y hambrienta. Las posibilidades de la vida que dirigen las mentes de las células hacia el pensamiento correcto están más allá de toda medida.

Cada pensamiento de poder, cada pensamiento de salud, cada pensamiento de amor, cada pensamiento de verdad, cada pensamiento de belleza, cada pensamiento de perfección, de totalidad, de vigor mental y físico, cada pensamiento de Dios, sintonizará tu mente y tu cuerpo con el poder y la perfección del plan creativo de la Mente Divina. Pensar en salud, felicidad, verdad, poder, perfección, prosperidad y éxito en las mentes de las pequeñas células del cuerpo, desde el principio, será una parte muy importante del entrenamiento de cada niño. Sus vidas serán ajustadas adecuadamente desde el principio; las pequeñas entidades celulares obtendrán el comando correcto y la imagen mental correcta, y construirán para la salud, la prosperidad y el éxito, en lugar de debilidad, pobreza y fracaso. Pensar correctamente hace que las células funcionen correctamente, construyan en lugar de destruir y erradiquen dos de las mayores desventajas de la raza: la enfermedad y la pobreza.

CAPÍTULO 13

CÓMO HACERSE AFORTUNADO

Cree con todo tu corazón que puedes y lograrás lo que viniste a hacer.

La persona "afortunada" nunca espera por la buena suerte.

La suerte es la capacidad de reconocer una oportunidad y aprovecharla.

Para hacerte afortunado, elige la vocación para la cual la naturaleza te ha preparado y luego dedica tu vida a ella. Sé el mejor en lo que haces.

La confianza en sí mismo y el trabajo son los amigos de la buena suerte.

La buena suerte sigue al sentido común, al buen juicio, a la buena salud, a una determinación firme, a una noble ambición y al trabajo duro. También sigue a la persona que cultiva el tacto, la cortesía, el coraje, la confianza en sí misma, el poder de voluntad, el optimismo, la salud y la buena voluntad hacia todos los seres humanos.

No hace mucho tiempo, un agente de bolsa en Nueva York se suicidó porque pensó que la suerte, que había sido un factor dominante en su credo de vida, lo había abandonado. Tenía tanta fe en el fetiche de la suerte que cuando experimentó una serie de pérdidas en Wall Street, creyó que no tenía sentido luchar contra su destino. Sintió que la suerte le había dado la espalda y declaró que ya no tenía razón para vivir. Sus últimas palabras para su esposa fueron: 'Buena suerte para ti'.

Muchas personas, aunque no lleguen tan lejos como lo hizo este agente de Wall Street, se limitan a sí mismas con una creencia supersticiosa en la buena o mala suerte. Se convencen de que existe algún tipo de suerte o destino, algo que está más allá de su control y que determina el alcance de sus logros. Creen que si este poder misterioso está en su contra, fracasarán, y si les favorece, tendrán éxito. Nada es tan perjudicial para el logro como la creencia en un destino ciego, la falacia de que un efecto puede lograrse sin una causa correspondiente.

Sin embargo, cuántas personas saludables están esperando a la suerte para resolver sus problemas, esperando obtener ayuda de ese algo misterioso e indefinible que beneficia a una persona y perjudica a otra, independientemente de sus esfuerzos. Entonces, uno también podría esperar a la suerte para resolver problemas matemáticos y esperar a que resuelva sus propios problemas de vida. El individuo es dueño de su propio destino. El poder para resolver sus problemas está justo en su interior. Él crea el destino que lo derrocará o lo elevará. La vida no es un juego de azar. El Creador no nos puso aquí para ser títeres de las circunstancias, marionetas sacudidas por un destino cruel que no podemos controlar. Él nos ha dado libre albedrío, una mente sin trabas. "Cada persona crea su propio destino según su mente, quien es débil y de espíritu bajo se convierte en esclavo de la fortuna; pero ella es esclava cuando es llamada por los valientes. Si el destino teje un hilo común, yo cambiaré el destino. Y con un nuevo manto tejeré un telar más noble'. ¿Por qué estás abatida, oh, alma mía?".

Eso está dentro de ti, mi buen amigo, eso que es mucho más grande que cualquier cosa que pueda intentar derribarte. Has heredado un poder de tu Padre Divino que armoniza infinitamente cualquier defecto o deficiencia que creas que has heredado de tus padres terrenales o cualquier desventaja en tu entorno. Hay algo de omnipotencia en ti, porque eres el hijo de la Omnipotencia y debes haber heredado las cualidades de tu Creador. No importa lo que te suceda, recuerda que hay algo en ti más grande que cualquier destino, algo que puede reírse de cualquier destino cruel, porque eres el autor de tu propio destino, el forjador de tu propia suerte. Hay un Dios en ti, amigo mío. Afirma tu divinidad. Todo lo que tienes que hacer es conectar con la Mente Eterna, la gran energía cósmica, y todo el poder es tuyo. Estás en la fuente misma de todo suministro.

"La suerte es la capacidad de reconocer una oportunidad y aprovecharla", dice Beatrice Fairfax, si aceptamos su definición, entonces debemos admitir que existe tal cosa como la suerte. Tal vez hayas oído hablar del joven que resultó ser el único médico presente en una multitud que estaba reunida alrededor del carruaje de un rey cuando sufrió un ataque en una calle de Londres. El joven médico se abrió paso entre la multitud, diciendo que podía aliviar al rey. Efectivamente, lo hizo, el rey se restableció y este incidente fue un gran trampolín para la maravillosa carrera de Ambrose Paré. A veces sucede que, en un accidente ferroviario u otra gran catástrofe, un desconocido salta a la notoriedad por un simple acto que miles de personas también podrían haber realizado. Pero la capacidad de aprovechar la oportunidad y hacer lo necesario con prontitud y precisión se debe al cultivo de la propia iniciativa y al desarrollo diario de la prontitud y la precisión en el cuidado de los asuntos comerciales.

Lo que tú, amigo mío, en este momento puedes estar llamando tu mala suerte, puede ser el resultado de alguna debilidad, algún mal hábito que está frustrando tus esfuerzos y alejando de ti la prosperidad que deseas. Puedes tener peculiaridades, rasgos objetables que son obstáculos para tu progreso, piedra de tropiezo en tu camino. Tu mala suerte puede ser la falta de preparación, una educación deficiente o una capacitación insuficiente para tu trabajo especial. Tu base puede ser demasiado pequeña para cualquier tipo de estructura de vida respetable. O bien, tu mala suerte puede ser la indolencia, el amor a la comodidad y el placer, el deseo de pasar un buen rato antes que nada, pase lo que pase.

La buena suerte es lo contrario de todo esto. Toda persona exitosa sabe que la buena suerte sigue a la firme voluntad, el esfuerzo serio y persistente, el trabajo duro, bien hecho, la preparación minuciosa, el deseo de sobresalir y un propósito inamovible. El individuo "afortunado" es aquel que piensa y trabaja más duro que su vecino "desafortunado". Es más práctico, su vida está gobernada por el sistema y el orden. La suerte es como una oportunidad, llega a aquellos que trabajan para ella y están listos para ella. Haz el mejor uso posible de tu tiempo, esto te hará afortunado. Si no estás capacitado debido a la falta de educación, puedes obtener el equivalente de una educación universitaria, sin importar cuán ocupada esté tu vida. Lee y estudia durante tus tiempos libres. Muchos hombres y mujeres se están educando de esta manera todos los días y están ascendiendo en el mundo a pesar de miles de obstáculos y desventajas que tú nunca has conocido.

Si examinamos las carreras de la mayoría de las personas llamadas "afortunadas", descubriremos que su éxito se remonta a los primeros años de su juventud y que se ha nutrido de muchas batallas en la lucha por la supremacía sobre la pobreza y la oposición. Nos daremos cuenta de que el individuo "afortunado" no cree en la suerte, sino en sí mismo; que nunca esperó a que las cosas "aparecieran" o que la suerte le llegara. Se puso a trabajar y cambió las cosas, hizo que la suerte se cruzara en su camino. Mi experiencia me ha mostrado que aquellos que están hechos de material ganador no hablan de mala suerte o destino cruel; ellos no hablan de ser "retenidos" por otros. Si una persona tiene levadura en sí, subirá, nada puede retenerla. El coraje atraerá más buena suerte que casi cualquier otra cosa que yo conozca.

Por lo general, los perezosos, los indolentes, los amantes del placer y los débiles, son los más firmes creyentes en la suerte. El simple hecho de que una persona siempre hable de su "mala suerte"; se queje de sus fracasos, sus derrotas con otra persona o de circunstancias desafortunadas, es una admisión de que es una persona débil. Muestra que no ha desarrollado independencia o fuerza de voluntad, la fibra mental que supera los obstáculos.

Es muy importante formar el hábito de pensar en uno mismo como alguien afortunado, de siempre verse a sí mismo como le gustaría ser, no como alguien que es ineficiente y que siempre está cometiendo errores. Hablar de uno mismo y de las cosas como se quisiera que sean; de lo contrario, se alejarán las cosas que se anhelan y se atraerán las cosas de las que se desea deshacer. Un hombre de negocios, al que conozco desde hace algunos años, ha formado lo que podría llamarse "el hábito de la mala suerte". Si invierte en algo, dice: "Por supuesto, estoy seguro de que voy a perder. Es solo mi suerte. Cuando compro, el mercado siempre comienza a caer. Las cosas buenas salen volando cuando compro". Siempre piensa que obtendrá lo peor en lo que emprende. Si comienza algo nuevo en su negocio, de inmediato comienza a hablar sombríamente al respecto. "No va a funcionar, tengo la sensación de que no irá bien", declara. Siempre está hablando de "mala suerte", prediciendo que las cosas van mal y que "tendrá que ser peor antes de que sea mejor". Este hombre ya no tiene tanto dinero como lo tenía hace varios años, y sus pérdidas han venido en gran parte de su amarga visión mental, su falta de confianza en su juicio, su perpetua anticipación de la pérdida y el mal, y su creencia en un destino cruel.

Hay muchas personas trabajadoras que continuamente alejan de sí mismas precisamente lo que están tratando de conseguir debido a que no tienen la actitud mental correcta. Les falta el entusiasmo de la persona optimista, su fe y confianza en sí mismas, todos ellos amigos de la buena suerte. Si persistes en lucir y actuar como un fracaso, o un éxito mediocre o dudoso; si sigues diciéndoles a todos lo desafortunado que eres y que no crees que ganarás, porque el éxito es solo para unos pocos favorecidos, aquellos que tienen a alguien que les puede dar un empujón, que los ayude, entonces tendrás tanto éxito como el actor que intenta representar cierto personaje mientras mira, piensa y actúa exactamente lo contrario.

Nuestros pensamientos y palabras son fuerzas reales que construyen o derriban. Quien solo mira el fracaso nunca será un ganador. El que gana es aquel que nunca ve otra cosa más que la victoria y que nunca reconoce la posibilidad de la derrota. Aquel que trata de excusar su fracaso basándose en que estaba condenado desde el principio por las malas cartas que el destino le repartió, con las cuales tuvo que jugar el juego y que ningún esfuerzo de su parte podría haber alterado materialmente los resultados, se engaña a sí mismo. Conozco a un hombre que, cada vez que pierde un tren, dice: "¡Yo sabía que no iba a alcanzarlo! ¡Es mi destino perderlo! Yo debo haber nacido tarde". Si hace una torpeza o comete un error, dirá: "Tengo mala suerte en todo. Tendría que haber sabido que saldría mal. Si hoy comprara oro, no valdría más de cincuenta centavos al día siguiente".

Hablar despectivamente de ti mismo, despreciarte a ti mismo, es autodestrucción. La insinuación constante de tu inferioridad, de tus defectos o debilidades, interferirá con tu éxito en cualquier cosa. No puedes tener suerte, no puedes tener éxito, si todo el tiempo estás hablando en contra de ti mismo, ya que esto carcomerá tu confianza en ti mismo y en tu eficiencia. Mantén una buena opinión de ti mismo. Piensa bien de ti mismo. Aprende a apreciar tu habilidad y a respetarte a ti mismo, no de una forma egocéntrica o egoísta, sino porque aprecias tu maravillosa herencia de cualidades divinas. Recuerda que cada vez que hablas despreciativamente de ti mismo, ya sea que realmente lo creas o lo hagas por el efecto, es decir, contarles a otros sobre tu mala suerte, admitiendo que no puedes llevarte bien con otras personas, que no puedes ganar dinero y ahorrarlo, que no pareces tener ningún sentido del dinero, etc. estás reduciendo la estimación de ti mismo, tu ideal de ti mismo, y este es el patrón para la construcción de tu vida.

Hay un escultor en ti que está trabajando de acuerdo al patrón que tú le das; y si sostienes un patrón defectuoso, débil, deficiente, se integrará en la estructura misma de tu ser. Lo que piensas de ti vendrá a ti; lo que creas sobre ti mismo, tu habilidad, tu futuro, tenderá a acercarse hacia ti. Lo que esperas de ti mismo en este mismo instante se está forjando en la textura de tu ser. Siempre piensa de ti mismo como afortunado. Nunca permitas pensar de ti de ninguna otra manera. Di para ti mismo: "Yo tengo buena suerte. Debo tener buena suerte, porque soy parte de la Divinidad, la cual nunca puede fallar. Yo participo de la omnipotencia porque yo soy un hijo de la Omnipotencia, un compañero del Todopoderoso. Es mi naturaleza ser afortunado.

Fui hecho para ser afortunado. Yo nací para ganar. Yo soy el hijo del Rey de reyes. Una herencia suprema viene a mí, y debo comportarme con ese respeto por mí mismo y por mi habilidad que me convierte en un príncipe del Altísimo".

Medita constantemente sobre lo maravilloso que es tener tal herencia, ser consciente de que en realidad eres un dios en formación, que hay una divinidad dentro de ti la cual nunca se puede perder, una omnipotencia que puede triunfar sobre cualquier desventaja, de cualquier fuente que pueda surgir. Aprende a reforzarte, a refrescarte y a revitalizarte tocando la gran inteligencia cósmica a través de la mente subconsciente, adentrándote en el silencio y comunicándote con el Todo.

Entonces, no deberías albergar ni un solo pensamiento de miedo, preocupación, celos, envidia u odio, ni ningún pensamiento egoísta. Estas emociones roban tu paz mental, tu poder, tu fuerza y vitalidad, tu equilibrio y, en última instancia, tu comodidad. No permitirías que un ladrón se paseara por tu casa para robar, ¿verdad? Entonces, ¿por qué permitir que tus pensamientos negativos deambulen por tu mente sin oponer resistencia? Un ideal pequeño equivale a una mente pequeña, un futuro pequeño y una carrera pequeña. Tu convicción acerca de ti mismo, tu creencia en tu futuro y en tu capacidad, todos estos elementos influirán en tu trayectoria. Alguien dijo: "Atrévete a irradiar una mayor seguridad en ti mismo hacia la gran mente cósmica, atrévete a creer en ti mismo y en tu misión. Abraza un ideal más grandioso, una aspiración más noble". La fe en lo que estás tratando de lograr, junto con la esperanza, la confianza y las expectativas positivas, son factores poderosos para alcanzar tus ambiciones. Son faros en el horizonte, que vigilan las oportunidades desde lejos. Nada puede vencerte o arrebatarte el éxito, excepto tú mismo. Ninguna condición, por más inhóspita que sea, puede aplastarte o frustrar tu objetivo de vida si tienes una meta clara. Solo tu propia debilidad puede lograrlo: falta de determinación, energía, carácter y confianza en ti mismo. Nada en el mundo puede convertirte en un don nadie; ningún infortunio, ninguna condición o entorno, nada más que tú mismo puede hacerlo. Tú puedes optar por ser un don nadie si así lo deseas, o puedes optar por ser alguien. Depende de ti. Tienes el poder de hacer de tu vida un éxito, de enviar tu influencia a lo largo de los siglos, o puedes ir a tu tumba como un don nadie, sin haber hecho una ola en la corriente de la vida.

Tu suerte, ya sea buena o mala, está en ti mismo. Pensar en tu desgracia o mala suerte, debido a que no te encuentras tan bien posicionado o acondicionado como otros, es fatal para el éxito y la felicidad, porque debemos avanzar en la dirección en la que estamos mirando, y miramos en función de cómo pensamos, hablamos y actuamos. Somos como veletas, y nos dirigimos en una u otra dirección en función de nuestros pensamientos. Nuestros pensamientos, emociones y sentimientos son como el viento que hace girar la veleta. No conozco nada que tenga una influencia mayor en tu vida que desarrollar el hábito de considerarte afortunado, extremadamente afortunado en tu nacimiento, en tu situación, en tu adaptación a tu campo de trabajo específico, y afortunado en tu deseo y oportunidad en la vida para hacer el bien. Estamos comenzando a comprender que somos moldeados y formados por nuestros pensamientos, que son fuerzas tan reales como la electricidad. Nuestros pensamientos constantemente nos dan forma para que coincidamos con ellos. Somos nuestros propios arquitectos y escultores. Siempre nos estamos remodelando, adaptándonos a nuestros pensamientos y emociones, a nuestros motivos y a nuestra actitud general hacia la vida. Si siempre nos consideramos afortunados, incluso si no somos ejemplos extraordinarios de buena suerte, aun así, siempre estaremos felices, sonrientes y contentos, creyendo y sabiendo que todo lo que nos llega será siempre lo mejor.

CAPÍTULO 14

PROSPERIDAD Y FE EN UNO MISMO

La fe es la llave que abre la puerta al poder.

Son hombres y mujeres que poseen una fe asombrosa, una confianza colosal en sí mismos, quienes realizan hazañas extraordinarias y alcanzan lo que parece imposible.

No importa cuál sea tu necesidad, entrégasela a la fe.

No te cuestiones el cómo, el por qué o el cuándo. Simplemente, da lo mejor de ti y ten fe, porque la fe es el gran artífice de milagros a lo largo de la historia.

La fe abre la puerta, ve el camino. Es un sentido del alma, una percepción espiritual que ve mucho más allá de lo que los ojos físicos pueden captar, anticipando la realidad antes de que tome forma material.

Un individuo con un solo talento pero con una gran fe en sí mismo a menudo logra mucho más que alguien con diez talentos pero que carece de confianza en sí mismo.

La fe fortalece la confianza, infunde convicción y multiplica la capacidad. La fe no se basa en suposiciones ni conjeturas. No se desanima ni se enceguece por las montañas de dificultades, porque ve a través de ellas, enfocándose en el objetivo final.

En la creencia de que somos capaces de lograr algo reside un poder creativo inmenso. Puedes alcanzar el éxito cuando otros no creen en ti, cuando todos los demás te critican, pero nunca lo lograrás si no crees en ti mismo.

Una colosal fe en sí mismo, una sublime confianza en sí mismo, que nunca flaqueó en ninguna situación, fue el gran secreto del éxito multifacético de Theodore Roosevelt, porque él creía en Roosevelt, tal como Napoleón creía en Napoleón. No había nada tímido o poco entusiasta en él. Se ocupó de todo lo que emprendió con esa gigantesca seguridad, esa tremenda confianza, esa sincera creencia en su poder para hacerlo, eso gana la batalla antes de que comience. Sin ninguna presunción de genio, como él mismo señaló, solo con las cualidades de una persona promedio, mediante una aplicación intensiva desarrolló tanto el poder de la mente y el cuerpo que se elevó por encima del promedio.

"Según tu fe, te será hecho", es tan científico en el mundo de los asuntos como cualquier verdad demostrada de la ciencia. Si tu deseo es construir un gran negocio, atesorar una fortuna, ganar poder político e influencia, hacer un gran nombre en la ciencia, en la política, en el periodismo, en cualquier campo que sea tu inclinación, una gran fe en ti mismo es el precio imperativo.

La mayoría de las personas en el gran ejército de los arruinados, fracasaron porque carecían de fe en sí mismos. Dudaron de su poder para hacer las cosas bien. No creían lo suficiente en sí mismos, mientras que, por otra parte, creían demasiado en las circunstancias y en la ayuda de otras personas. Esperaron por la suerte, esperaron por capital externo, un impulso, una influencia, un empujón, por alguien o algo fuera de ellos que los ayudara. Dependieron demasiado de todo lo demás, excepto en ellos mismos. Y ahora permanecen en el gran ejército del fracaso, porque no están dispuestos a pagar el precio por lo que quieren, o no tienen el coraje de volver a intentarlo. Carecen de aquello que proporciona la fe: fuerza, tenacidad, determinación.

La confianza en uno mismo ha sido el mejor sustituto de amigos, apellido, influencia y dinero. Es el mejor capital del mundo; ha superado más obstáculos y más dificultades y llevado a cabo más empresas que cualquier otra cualidad humana. Ha hecho más millonarios que cualquier otra fuerza o cualidad humana. Fue el anhelo de triunfar, respaldado por el espíritu de confianza del "Yo Puedo y lo Hare" lo que permitió a un niño pobre, después de repetidos y desalentadores fracasos, dar a la ciudad de Nueva York su estructura empresarial más hermosa: el edificio Woolworth. Arquitectos extranjeros han declarado que esta es una de las construcciones más bellas del mundo, "un sueño en piedra". El hombre detrás de esta creación fue Frank W. Woolworth. Nacido en una pequeña granja en el estado de Nueva York, este hombre no tenía otra herencia que un cuerpo sano, un impulso natural y confianza en sí mismo, cualidades que han guiado a tantas personas hacia sus objetivos. Comenzó su carrera en una pequeña tienda en Nueva York, donde trabajó como vendedor y durante los primeros tres meses trabajó sin salario, ya que el dueño le dijo: "¿por qué debería pagarte si te enseñaré sobre el negocio?". Su primer salario en una tienda más grande fue de tres dólares con cincuenta centavos a la semana. A pesar del trabajo duro y persistente durante años, la decepción y los fracasos fueron los únicos resultados visibles de sus esfuerzos. Pero a pesar de la mala suerte y la apremiante pobreza, se mantuvo firme hasta que la fortuna le sonrió, y luego comenzó a establecer las tiendas Woolworth de cinco y diez centavos, con el resultado de que antes de su muerte, tenía más de mil tiendas con un capital de sesenta y cinco millones de dólares, dando empleo a miles de personas. También construyó el gran edificio Woolworth, que en ese entonces era el edificio más alto del mundo, pero por encima de todo, había construido un carácter fuerte y amable. Dejó un ejemplo de éxito honesto, extraído de las condiciones más difíciles, que es una inspiración para todos aquellos que aspiran a elevarse de la pobreza al poder y, al mismo tiempo, prestar un gran servicio al mundo.

Henry Ford es otro estadounidense que comenzó su vida con nada más que el poder de su mente y la creencia en su capacidad para lograr lo que se propusiera. Después de muchos altibajos, empezó su carrera trabajando como joven en la granja familiar cerca de Detroit y luego como maquinista e ingeniero jefe en la "Edison Illuminating Company". En su tiempo libre, se dedicaba a desarrollar una invención en la que había trabajado desde niño: su tractor de granja. Había pasado la edad de cuarenta años antes de conocer el éxito; de hecho, a los cuarenta años, fue considerado un fracaso por aquellos que no podían apreciar su carácter, su voluntad indomable, su fe en sí mismo y su habilidad para convertir la derrota en victoria. Sin embargo, Ford perseveró y se dedicó a organizar la Ford Motor Company y comenzó a encaminarse hacia el éxito fenomenal que ha dado a conocer su nombre en todo el mundo. A los cincuenta y ocho años, el Sr. Ford, ya era multimillonario y líder de un ejército de miles de trabajadores industriales, además de muchas personas indirectamente relacionadas con sus intereses. Poseía varias plantas de fabricación en Estados Unidos, la más grande ubicada en Highland Park, Detroit, empleando a cuarenta mil personas en la producción de automóviles Ford. Además, tenía una planta en River Rouge, a nueve millas de Detroit, que fabricaba piezas de automóviles y tractores. También poseía una planta de tractores de cinco millones de dólares en Cork, Irlanda, así como plantas en Cádiz, Copenhague, Burdeos y Manchester, Inglaterra, y dos en América del Sur. Además de todas estas empresas, Ford también publicaba semanalmente "The Dearborn Independent", era propietario del ferrocarril Detroit, Toledo & Ironton y tenía una granja de cinco mil acres al oeste de Detroit, cuyos productos alimenticios se vendían a los empleados de Ford a precios de costo. Este gigante industrial no se detuvo aquí. Sus actividades caritativas iban de la mano con sus logros industriales. Financió un hospital de cinco millones de dólares en Detroit y una escuela para niños donde podían "aprender mientras ganaban", ejemplos notables de su generosidad. Son personas como él, personas con un cien por ciento de fe, que eliminan sus dudas, superan sus miedos, se levantan cada vez que caen y avanzan sin importar los obstáculos, quienes triunfan en la vida.

Mientras vivas en una atmósfera saturada de pensamientos de fracaso, no podrás alcanzar tu máximo potencial, porque no podrás tener un cien por ciento de fe. Recuerda que tus logros y tu éxito dependerán del grado de fe que tengas en ti mismo y en lo que estás tratando de lograr. Muchas personas que fracasan en la vida o que solo alcanzan posiciones mediocres se ven frenadas por la autodepreciación y la falta de fe en sus propias habilidades, la creencia en su propia inferioridad. No hay nada más perjudicial para el éxito que este tipo de actitud mental. Podría debilitar incluso a un Napoleón. En el instante en que reconoces que eres incapaz de hacer aquello que intentas o que algo podría bloquear permanentemente tu camino hacia tu objetivo, creas una barrera para tu éxito que ningún esfuerzo arduo podrá eliminar.

Puede el que cree que puede, es verdad en cada situación de la vida. Cuando alguien le preguntó al almirante Farragut si estaba preparado para la derrota, respondió: "Ciertamente no lo estoy. Cualquier hombre que esté preparado para la derrota está medio derrotado antes de comenzar". Hace una gran diferencia si te embarcas en algo con la determinación de ganar, con los dientes apretados y la voluntad inquebrantable. Si estás listo desde el principio para construir tu fortuna, tener éxito en tu negocio o profesión y llevar a cabo tus propósitos, o si comienzas con la idea de que avanzarás gradualmente y continuarás si no encuentras demasiados obstáculos, pero siempre tendrás una vía de escape si las cosas no salen como esperabas.

Entrar decidido en una empresa con la firme determinación de ganar y sentir esa seguridad en sí mismo, ese sentido interno de poder que hace que uno domine la situación, es la mitad de la batalla. Por otro lado, estar preparado para la derrota, como dijo el Almirante Farragut, es estar medio derrotado antes de empezar. Debes quemar todos tus puentes detrás de ti, sin dejar espacio para la tentación de retirarte cuando las cosas se vuelvan difíciles. Los hombres que construyeron las grandes industrias de América e hicieron enormes fortunas, como los Peabodys, Astor, Gould, Vanderbilt, Morgan, Rockefeller, Carnegie, Schwabs, Hills, Ford, Marshall Fields y Wanamakers, todas las personas que han hecho y están haciendo grandes cosas en el mundo, no solo tenían la fe que hace lo "imposible", sino que también han sido exigentes entrenadores de sí mismos. No se trataban con guantes de seda. Se mantenían fieles a una disciplina estricta y no permitían la holgazanería, la inactividad ni la indecisión. Centraban su mirada en sus metas y estaban dispuestos a sacrificar cualquier cosa que se interpusiera en su camino hacia el éxito. Entendían que aquellos que están enamorados de su sillón, que piensan demasiado en su comodidad y tranquilidad, en los

117

momentos agradables con sus amigos por las tardes, que piensan demasiado en los placeres de los sentidos, nunca llegarán a ninguna parte.

No hay forma posible de derrotar a un ser humano que está enfocado en la victoria. Si posee la fe que puede mover montañas, si tiene la esencia de un ganador dentro de sí, triunfará sin importar los obstáculos que se presenten en su camino. No hay manera de detenerlo porque, además de su inquebrantable confianza en sí mismo, está dispuesto a pagar el precio que incluso las personas más talentosas deben pagar por el éxito. Nada se le niega a quien está dispuesto a pagar el precio por ello. La única cosa que puede frustrar tus ambiciones es tu propia inercia, tu falta de fe en ti mismo y tu falta de impulso y determinación. Tus anhelos son la prueba de que puedes convertirlos en realidades. La fe ilumina el camino a través de los obstáculos, ya que amplía tu capacidad y multiplica tu poder. Juana de Arco multiplicó su habilidad diez mil veces gracias a su fe; aumentó su habilidad un millón de veces debido a su convicción de que había sido llamada por Dios para restaurar el trono de Francia y expulsar al enemigo de su tierra. Estaba dispuesta a hacer cualquier sacrificio para salvar a su país, y cada sacrificio que realizaba y cada obstáculo que superaba la hacían más fuerte para cumplir con la gran tarea que había asumido. Sin embargo, es importante recordar que la fe no puede lograr nada sin trabajo. Todo depende del esfuerzo que pongamos detrás de ella.

El único poder real que uno adquiere se obtiene a través de la lucha para superar los obstáculos. Es el esfuerzo mental y físico dedicado al verdadero trabajo, el trabajo honestamente duro, el pensamiento vigoroso y la planificación lo que fortalece a una persona y le permite alcanzar las metas de su ambición. Fueron las continuas persecuciones, sumadas a su inquebrantable autoconfianza, las que convirtieron a Alfred Harmsworth, ahora Lord Northcliffe, en uno de los hombres más ricos de Inglaterra y uno de los editores más exitosos del mundo. En una entrevista, expresó: "Siento que cualquier posición que haya alcanzado se debe a que enfoqué mis energías y mi tiempo. Cuando entré en el periodismo, decidí que dominaría el negocio de la edición y la publicación. Esta es una vasta especialidad, pero entonces era muy joven y tenía una gran confianza en mí mismo". Esta confianza en sí mismo fue una de sus características más notables, incluso cuando era un niño. A los quince años, mientras asistía a una escuela de gramática inglesa, comenzó un pequeño proyecto escolar y declaró: "Sé de la mejor fuente que este proyecto será un éxito rotundo", y demostró ser un rotundo éxito, como lo han sido todas las empresas en las que este periodista próspero y seguro de sí mismo ha puesto su mano. A los veintiún años, Harmsworth comenzó en el negocio editorial regular con un pequeño semanario llamado "Respuestas", que también tuvo un gran éxito. Antes de cumplir los treinta años, ya era un editor millonario y, a los treinta y seis años, era el director del negocio editorial más grande del mundo. Lord Northcliffe, considerado uno de los hombres más poderosos e influyentes de Inglaterra, poseía una fortuna de muchos millones de dólares, además de tener dos millones de dólares invertidos en bosques para la fabricación de papel en Terranova.

En esta vida, obtenemos cualquier cosa en la que nos concentremos con todas nuestras fuerzas. Nuestro éxito o fracaso está en nuestras manos. Muchos se quejan de que la puerta del éxito está bloqueada y prohibida para ellos porque son demasiado pobres para obtener una educación o no tienen a nadie que los ayude a conseguir el puesto que desean. No logran obtener lo que desean porque no están dispuestos a hacer el esfuerzo necesario para triunfar. Les falta la voluntad de hacer el trabajo duro.

Pueden tener fe en su capacidad, pero carecen de la energía para poner esa capacidad a trabajar y lograr que haga cosas por ellos. Esperan que alguien más haga el trabajo necesario para que las cosas sucedan. Sin embargo, ninguna persona llegó al éxito montado en la espalda de otra. Deben empujar y hacer que las cosas sucedan por sí mismos o enfrentarán el fracaso. Joseph Pulitzer, un joven que llegó a Estados Unidos desde Alemania, era tan pobre cuando llegó que tuvo que dormir en los bancos del City Hall Park en Nueva York, justo frente al espacio donde luego construiría el World Building. Este joven empobrecido tenía tanta fe y energía que convirtió un periódico que estaba al borde del fracaso en manos de sus anteriores dueños en un negocio millonario.

No importa cuán humilde sea tu posición, ya sea que seas un obrero, un limpiador de calles, un jornalero o el chico de los mandados, si tienes fe en ti mismo, en tu visión y respaldas esa fe con trabajo duro y bien hecho, nada puede impedirte lograr tu visión.

Una fortuna se acumula por los mismos medios que hacen que alguien sea un músico exitoso, un político o un inventor. La fe y el trabajo tienen una magia en ellos. Es la fe la que dirige el camino en todas las empresas. Es esta facultad divina la que conecta a las personas con la gran Fuente de todo suministro, la Fuente de toda inteligencia y la Fuente de todo poder y posibilidades. Si tienes una fe inquebrantable, una fe del cien por ciento en ti mismo o en ti misma, en tu propósito de vida y en cualquier cosa que emprendas, entonces no puedes fracasar.

CAPÍTULO 15

CÓMO DESHACERSE DEL MIEDO Y LA PREOCUPACIÓN

Un día de preocupación es más agotador que una semana de trabajo.

El miedo afecta la salud, paraliza la eficiencia, mata la felicidad y acorta la vida.

Cruzar puentes antes de llegar a ellos, pone más víctimas en el gran ejército de fracasos, en las filas de los infelices e ineficientes, que casi cualquier otra cosa.

El temor al mañana, la anticipación de las pruebas y problemas que puedan surgir, roba la fuerza y el entusiasmo que podrían llevar al éxito glorioso.

El que teme al mañana teme a la vida, y ese tipo de persona es cobarde. No tiene fe en Dios ni en sí misma. Nunca llegará muy lejos.

Si has tenido una experiencia desafortunada; si has cometido un error en tu trabajo; si te has visto en situaciones embarazosas, has tropezado y te has lastimado por un paso en falso, o has sido calumniado y ofendido, olvídalo. Estos recuerdos no tienen ningún valor redentor, y sus fantasmas te robarán muchas horas felices.

No es el trabajo que hemos hecho, las cargas que hemos soportado, los problemas que han surgido los que han dejado profundas arrugas en los rostros de muchos de nosotros, haciéndonos envejecer prematuramente; son los miedos y las preocupaciones inútiles que llevamos con nosotros los que han causado el daño.

El Dr. William F. Warren, un expresidente de la Universidad de Boston, en un discurso a los estudiantes, dijo: "No hay tantos mandatos o peticiones en la Biblia como este enfático, '¡No temas!' Una vez pensé en preparar un sermón sobre ello, y resultó ser muy fructífero para mí. Desde Génesis hasta Apocalipsis, 'No temas' parecía un interminable estribillo. Comencé a contar cuántas veces aparecía, pronto tuve veinte, luego treinta y luego cuarenta, luego cincuenta. Mirando de cincuenta a setenta, noté que otras palabras, como las de nuestro Señor, 'No se turbe tu corazón, ni tenga miedo', significaban exactamente lo mismo, por lo que mi recuento, por completo que fuera, nunca representaría el verdadero total".

Hay millones de personas en todas partes del mundo cuyas mentes están constantemente llenas de temores. Desde la cuna hasta la tumba, el miedo arroja su negra sombra sobre la humanidad, arruinando y paralizando vastas multitudes de vidas, haciendo que las personas sean miserables, manteniéndolas en la pobreza y la inferioridad, llevando a muchos a la locura e incluso a la muerte. No hace mucho tiempo, una chica de Nueva York resbaló en un pavimento congelado y cayó al suelo. En ese momento, un camión que se acercaba pasó tan cerca de ella que las ruedas casi la tocaron. Aterrorizada por la idea del peligro, la chica imaginó que el camión realmente la había atropellado. Cuando la levantaron y la llevaron a un hospital cercano en una ambulancia, ella estaba delirando sobre el camión que la había atropellado, y finalmente se volvió loca. Esta tragedia fue puramente el resultado de la imaginación, ya que no había rasguños de ningún tipo en el cuerpo de la chica, ni siquiera su ropa había sido tocada. Al igual que los miedos y las preocupaciones que hacen que las vidas de tantas personas sean miserables fracasos, lo que alejó su razón no era real. Lo que ella temía nunca sucedió, pero el efecto de su miedo, el evocar en su mente una imagen de muerte o de un cuerpo mutilado, le produjo algo peor, algo más desastroso; porque ninguna otra pérdida puede compararse con la pérdida de la luz de la razón.

El tipo equivocado de pensamiento diariamente lleva desastres, terribles tragedias y desgracias a las vidas de hombres y mujeres en todas partes. Hace poco tiempo, durante una severa tormenta, una mujer perdió el conocimiento a causa del miedo y murió. Un examen mostró que no tenía problemas cardíacos, y ningún rayo la había alcanzado; sin embargo, parecía que durante toda su vida, esta mujer había sentido un gran temor a los truenos y relámpagos, y finalmente, la cosa que tanto había temido y esperado llegó a ella. Sin embargo, no fue el rayo, sino su miedo a él lo que la llevó a la muerte.

Hoy en día, muchas personas se ven seriamente afectadas por el miedo a las enfermedades. Temen y esperan la influenza o la neumonía, y así invitan a estas enfermedades. Su miedo destruye su poder de resistencia a las enfermedades y los predispone a convertirse en víctimas. Tuvimos un ejemplo sorprendente de esto poco después de que Estados Unidos entró en la Guerra Mundial, cuando la epidemia de influenza se desató en los campamentos de los soldados y luego se propagó por todo el país como un incendio forestal. En un tiempo increíblemente corto, miles de personas, en su mayoría jóvenes, contrajeron la terrible enfermedad. El miedo estaba en el fondo de su extensa destructividad.

A través de la influencia del pensamiento temeroso, sombrío y desanimado, el pensamiento de enfermedad, de fracaso, las imaginaciones y pensamientos insanos de todo tipo, las personas están cortando su suministro divino, arruinando su salud, sus posibilidades de éxito y felicidad. El miedo a la muerte, el miedo a la enfermedad, el miedo a la necesidad, el miedo al fracaso, el miedo a lo que nuestros vecinos piensan y dicen, el miedo a los accidentes, la anticipación de desgracias, la mala suerte en general, el miedo al futuro, al fracaso de nuestros planes, el miedo a esto, a eso y aquello, hacen de este, la más negativa y destructiva de todas las emociones humanas, el compañero más cercano de nuestras vidas diarias.

El miedo es el detestable fantasma que siempre se levanta para privarnos de nuestro legítimo gozo, nuestra tranquilidad, nuestro coraje y fortaleza, nuestra fe en nosotros mismos y nuestra capacidad para superar las condiciones que nos abruman y nos esclavizan. Tomemos solamente el miedo a la pobreza. Considera la miseria que ha causado. Quién podría calcular todos los estragos que ha causado este miedo en la historia de la raza: el miedo a la carencia, la tortura de visualizar al lobo acercándose a la puerta, la agonía de un posible sufrimiento para nuestros seres queridos si no podemos satisfacer sus necesidades. ¡Oh, este terrible miedo a la carencia! Lo podemos leer en los rostros de miles de personas que nunca han aprendido a demostrar el suministro, que no conocen nada de la ley de la prosperidad y nunca han soñado que sosteniendo en la mente este miedo a la pobreza, este horror a la pobreza, teniendo la convicción de que están condenados a ser pobres toda su vida, están alejando de ellos el suministro, la opulencia que anhelan. Ellos no saben que solo sosteniendo el pensamiento de prosperidad, el pensamiento de abundancia, imaginándose a sí mismos en conexión con el suministro ilimitado, visualizando lo que quieren en lugar de lo que no quieren, podrían salir de la pobreza que detestan y conectarse con la fuente misma del suministro.

¡Cuántos hombres y mujeres agotan su fuerza, y así disminuyen su poder adquisitivo, al pasar la noche en vela, preocupándose por sus problemas de negocios, sus problemas del hogar, las crecientes necesidades de sus familias y preguntándose de dónde vendrá su suministro! ¿Alguna vez este negocio de miedo y preocupación ha hecho algo por ti? ¿Alguna vez ha aportado algo a tus ingresos, a tu salud, a tu comodidad o a tu felicidad? ¿Alguna vez ha resuelto tus problemas o te ha ayudado de alguna manera? ¿No ha sido siempre todo lo contrario? La mayoría de nosotros sabemos, por amarga experiencia, cómo el perverso hábito del miedo y la preocupación utiliza nuestros poderes mentales, agota nuestras fuerzas vitales, reduce nuestra eficiencia, nos roba la esperanza, el coraje y el entusiasmo; de hecho, reduce completamente nuestras posibilidades de éxito en un setenta y cinco por ciento.

El gran secreto del éxito y también de la felicidad es tener fe; enfrentar la vida con valor y confianza, y no anticipar problemas. Desgraciadamente, a pesar de que Estados Unidos es uno de los países más ricos, prósperos, productivos e ingeniosos del mundo, somos una nación de preocupaciones. La mayoría de nosotros no enfrentamos la vida de la manera correcta; tememos y nos preocupamos más que cualquier otra persona en la tierra. El Servicio de Salud Pública de Washington al darse cuenta de esto y conocer los efectos negativos de tal actitud mental, en la generación de enfermedades nerviosas y también de otros tipos, emitió hace algún tiempo un boletín que decía:

"No te preocupes. Hasta donde se sabe, ningún pájaro ha intentado nunca construir más nidos que su vecino. Ningún zorro se ha preocupado porque tenía solo un agujero donde esconderse. Ninguna ardilla ha muerto de ansiedad por temor a no tener suficientes nueces para dos inviernos en lugar de tener solo para uno, y ningún perro ha perdido el sueño por el hecho de que no tiene suficientes huesos para sus años de vejez".

En otras palabras, podríamos tomar una lección de lo que llamamos los "animales inferiores" en no preocuparnos por nuestro suministro futuro, que es una de las fuentes principales de nuestra ansiedad. Decimos que ellos no pueden razonar, pero en este tema muestran mucha más inteligencia que nosotros; muestran que carecemos de fe, esa fe que Cristo tan constantemente trató de implantar en sus discípulos: "Por lo tanto, no se preocupen (es decir, ningún pensamiento ansioso) diciendo ¿qué comeremos? ¿Qué beberemos? ¿Con qué nos vestiremos? ... Porque el Padre celestial sabe que tienen necesidad de todas estas cosas ... Pero busquen primero su reino y su justicia y todas estas cosas les serán añadidas. Por lo tanto, no se preocupen por el día de mañana, porque el mañana se cuidará de sí mismo. Bástenle a cada día sus propios problemas" (Leer Mateo 6:31). Tanto los ricos como los pobres son víctimas del irrazonable temor a la carencia de suministro, a la falta de medios, como lo muestran todos los pánicos y depresiones comerciales, ya que son los ricos quienes, al retirar efectivo de los negocios y bancos, primero perturban el crédito público. Por supuesto, no todos nosotros anticipamos escasez financiera. Hay muchos que, aunque no son lo que el mundo llama ricos, no se preocupan por cuestiones de dinero, en su lugar, permiten que el miedo y la preocupación se apoderen de ellos a través de otra obsesión, la anticipación del fracaso en su trabajo, un colapso en su salud, algún infortunio en sus hijos, el temor de que algún miembro de la familia pueda estar mal o que caiga la desagracia sobre ellos.

Ahora bien, el hombre o la mujer que vive en constante temor de futuros males, siempre ansioso y preocupado, anticipando algo que pueda perjudicarle o atormentado por eventos pasados, carece de cualidades fundamentales para el éxito: coraje, autoconfianza y fe en el poder de Dios en el gran interior del ser humano, que lo eleva por encima de cualquier adversidad que pueda enfrentar. Esta alma angustiada y preocupada, a través de su actitud mental, revela una falta de fe en Dios y una desconexión de la conciencia de los recursos ilimitados disponibles. Carece de confianza en el Poder infinito que crea, preserva y sostiene el universo.

No te conviertas en una de estas almas temerosas; no permitas que te roben el derecho al éxito y la felicidad. Incluso si has desarrollado el hábito del miedo y la preocupación, puedes liberarte de él. El profesor William James afirma que el miedo puede superarse, y que muchas personas han logrado vivir desde el nacimiento hasta la muerte sin conocer la angustia genuina del miedo.

No hay duda de que el miedo y la preocupación, esos terribles males que tanto tiempo han maldecido a la humanidad y han frenado su desarrollo, pueden ser completamente eliminados de nuestras vidas. No avanzarás muy lejos, querido amigo, ni alcanzarás grandes alturas hasta que te libres de tus temores y dudas, de la preocupación y el desánimo que arruinan tu existencia, sofocan tus aspiraciones y oscurecen tus ideales. Cuántas personas realmente talentosas luchan apenas por sobrevivir, sin llegar a cumplir sus sueños de juventud, simplemente porque escucharon las insidiosas voces de esos traidores internos: el miedo, la duda y la preocupación, que les impidieron realizar su verdadero propósito en la vida. Ahora depende de ti decidir si seguirás siendo esclavo del miedo y la preocupación, llevando una vida estrecha y limitada en sus posibilidades y poder de expresión, como lo has hecho durante tanto tiempo, o si los dejarás atrás de una vez por todas y te elevarás a las alturas de tu potencial divino y posibles logros, reclamando tu conexión con Dios, en quien todo es posible.

No necesitas hacer preparativos, posponer nada ni pedir ayuda a nadie. Puedes liberarte de tu pasado desalentador; puedes cambiar tu entorno empobrecido y avanzar con firmeza por el camino del éxito; puedes lograrlo de inmediato invirtiendo tu pensamiento. A través del ejercicio de tu poder divino, puedes cambiar tu pensamiento a voluntad, y cambiar el pensamiento es el primer paso para superar cualquier condición negativa. La preocupación, la ansiedad, la falta de fe, la autodevaluación, la timidez y la falta de confianza en uno mismo son todas manifestaciones del miedo, y no pueden persistir en tu mente ni por un momento en presencia del pensamiento de coraje, la sugerencia mental de valentía, la confianza en uno mismo y la autosuficiencia. Imaginarte a ti mismo como una persona fuerte, ingeniosa y valiente, en contacto con la reserva infinita de poder y energía divina que fluye hacia ti desde tu Fuente, el Omnipotente, el Creador del universo, eliminará estos miedos y preocupaciones.

En lugar de anticipar problemas y desgracias, y preocuparte por las dificultades que puedas enfrentar, llena tu mente con pensamientos triunfantes y la idea del poder que reside en tu interior, esperando ser utilizado, siempre más grande que cualquier temor que intente asustarte con pesadillas, con imágenes irreales que solo existen en tu inquieta imaginación. Si no hay miedo, ni ansiedad, ni desaliento, ni duda o aprensión con respecto al futuro, es imposible que puedan entrar en tu mente; si estás lleno de pensamientos de esperanza, coraje, seguridad, poder y fuerza a través de tu conexión con el Poder Infinito es imposible que se acerquen a ti.

Encontrarás que expresar en voz alta tus sentimientos fuertes y valientes puede ser de gran ayuda para eliminar el miedo y la preocupación. Cuando estés solo, enfrenta cualquier pensamiento que te asuste o te atormente y dile: "Sal de mi reino mental. No permitiré que te interpongas entre mi Padre y yo. Soy un hijo de Dios, y no fui creado para temer ni para ser desviado de mi propósito por un simple pensamiento. Soy fuerte, valiente y no temo nada; soy un vencedor del miedo, no su esclavo". Recuerda que, como hijo de Dios, no tienes nada que temer, porque a través de tu relación con la Omnipotencia, la Fuente de todo coraje, provisión, belleza y bienestar, nada malo tiene poder sobre ti. La próxima vez que sientas que algo te detiene y te susurra: "No lo hagas; parecerás un tonto. Personas más fuertes y hábiles que tú han fracasado al intentar lo mismo. Otros con más habilidades, en mejores circunstancias, con más influencia y ayuda externa, han fracasado en la ambiciosa tarea que tú deseas emprender, siendo tú pobre y mal preparado. Es mejor que tengas precaución; asegúrate de que tendrás éxito antes de comenzar". No escuches, es el miedo quien te está susurrando. Esa voz está mintiendo, como ha mentido a millones de personas que vinieron antes que tú, y continuará mintiendo a millones que vendrán después de ti. Si la escuchas, nunca accederás a tu herencia como hijo de Dios, a tu patrimonio de paz, poder, armonía, éxito y abundancia.

El miedo y la duda, el desaliento y la preocupación siempre van juntos. Pertenecen a la misma familia y se esfuerzan por alcanzar el mismo objetivo: robar la energía y la ambición de las personas, impidiendo que logren lo que están destinadas a hacer. Estos sentimientos han sido los responsables de retrasar el progreso humano, los asesinos de la habilidad, los ladrones de la felicidad, los estranguladores de las aspiraciones y del éxito. Han mantenido a millones de personas en la mediocridad y han llevado al fracaso y la ruina a otros millones que podrían haber logrado grandes cosas si hubieran seguido adelante, aprovechando al máximo sus talentos y trabajando incansablemente para hacer realidad sus visiones iniciales.

Dios nunca quiso que ninguno de sus hijos fuera víctima del temor, la preocupación, el desánimo o cualquier espectro malvado de la imaginación. Su propósito era que sus vidas fueran triunfos gloriosos en lugar de miserables fracasos. Cualquier cosa que intente detenerte en la búsqueda de tus grandes ambiciones es tu enemigo. Cuando el miedo amenace con socavar tu confianza en ti mismo, impidiéndote comenzar las cosas que anhelas hacer y para las cuales sabes que tienes la habilidad necesaria; cuando te sientas desalentado frente a dificultades inesperadas y consideres abandonar; cuando te preocupes por algo que ha ocurrido o que temes que ocurra; cuando dudes de tu capacidad para lograr esto o aquello, y pienses que es mejor no embarcarte en nada a menos que estés absolutamente seguro del éxito, debes eliminar de inmediato esas sugerencias de tu mente. Afirmándote como hijo de Dios y reconociendo tu poder divino, di a ti mismo:

Ahora, depende de mí hacer lo correcto. No puedo renunciar a este camino y caer en la cobardía. Eso sería aceptar la debilidad y dejarme abatir. Yo puedo superar esto, no tiene poder para mantenerme abajo. No importa si veo claramente el camino o no, seguiré avanzando. No importa qué obstáculos surjan, me dirigiré hacia el puerto de mis ambiciones. Nada tiene poder sobre mí, más que el que yo mismo le doy. No permitiré que nada obstaculice mi propósito y destruya mi trayectoria. Tengo la capacidad y me elevaré por encima de todos mis problemas y errores. Nada puede retener lo que me pertenece, porque de ahora en adelante trabajaré en sintonía con el Dios que reside en mí. No seré vencido por ningún enemigo, yo los venceré. Nada más que nosotros mismos podemos anular la promesa que Dios hizo al ser humano: "Por tanto, he puesto delante de ti una puerta abierta que nadie puede cerrar".

La puerta que te lleva hacia tus aspiraciones, hacia una vida más plena, más feliz y más abundante, está abierta de par en par. Nadie más que tú mismo puede cerrarla. Solo tus dudas, tus miedos, tu pesimismo, tus preocupaciones y tu falta de fe en el Creador y en ti mismo pueden obstaculizar la realización de tus deseos en la realidad.

CAPÍTULO 16

ALEGRÍA Y PROSPERIDAD

El buen ánimo atrae prosperidad, ya que atrae todo lo que es positivo y saludable.

Un individuo que mantiene su maquinaria bien lubricada con amor, buena voluntad y alegría puede resistir los embates y las decepciones de la vida de manera mucho más efectiva que aquel que siempre ve el lado negativo.

Sin sonrisas, no hay negocios.

El buen ánimo es uno de los mayores benefactores del ser humano. Ha ayudado a personas a no rendirse ante la desesperación, incluso cuando el hambre lo ha mirado a la cara y todo el mundo parecía estar en su contra.

Cuando alguien elige el buen ánimo como su compañero, nunca habla de tiempos difíciles o lleva una imagen de pobreza o necesidad en su mente. El individuo alegre, por excelencia, es alguien valioso y útil.

Si me pidieran que mencionara lo que más beneficiaría a la humanidad, probablemente diría: "Más alegría, buen ánimo y mantenerse optimista en todas las circunstancias". Más alegría significa más vida, más felicidad, más éxito, más eficiencia, más carácter y un futuro más prometedor. Las personas alegres no limitan su perspectiva ni miran solo la mitad de las cosas. ¿Alguna vez has notado que, por lo general, son las personas alegres, optimistas y esperanzadas las que triunfan, mientras que las personas de naturalezas amargas, malhumoradas y pesimistas tienden a fracasar o quedarse en la mediocridad, sin alcanzar grandes logros? Cultivar el hábito de la alegría te permite transformar las aparentes adversidades en bendiciones reales. La alegría te ayudará en tu camino hacia el éxito. Te dará la fortaleza para sobrellevar tus cargas, superar obstáculos, aumentar tu valentía, fortalecer tu iniciativa y hacerte más efectivo, popular y útil. La alegría te convertirá en una persona más feliz y exitosa, y embellecerá incluso los entornos más humildes y sencillos.

La alegría representa equilibrio, serenidad y una perspectiva saludable, completa y equilibrada de la vida. Las personas alegres son conscientes de la existencia de la miseria, pero no permiten que esta miseria dicte su vida. La filosofía de la alegría es insuperable. Nada puede igualar el poder saludable y constructivo de una vida alegre y una mente serena y equilibrada. La naturaleza esperanzada y alegre es altamente constructiva. Aquellos que han cultivado el hábito de ver el lado positivo de las cosas tienen una ventaja significativa sobre aquellos que son pesimistas crónicos y no ven nada bueno en nada. Shakespeare expresó: "Un corazón feliz dura todo el día; un corazón triste se cansa en un kilómetro". No hay otro hábito de vida que ofrezca un retorno tan alto en felicidad y satisfacción como el de mantenerse alegre y amable en cualquier circunstancia. El pensamiento de una persona alegre esculpe su rostro en belleza y llena su actitud de gracia. Por qué no hacer esta resolución: lo que sea que venga o no venga, ya sea que fracases en tu empresa o que tengas éxito, te mantendrás alegre, esperanzado, optimista y estarás agradecido por las cosas buenas que tienes. En casi todas las situaciones podemos encontrar algo de felicidad si la buscamos. El problema con nosotros es que a menudo queremos más de lo que recibimos para sentirnos felices, y no siempre apreciamos lo que ya tenemos. Podríamos aprender una valiosa lección de una niña que vivía en los barrios pobres de una gran ciudad y ganó un premio en un concurso de flores. Cuando le preguntaron cómo logró cultivar una hermosa planta en el oscuro callejón donde vivía, ella explicó que había un pequeño espacio entre dos edificios altos por donde entraba un rayo de sol. Al mover su planta conforme el sol cambiaba de posición, logró mantenerla expuesta a la luz del sol y producir la flor que recibió el premio.

Todos tenemos al menos un pequeño rayo de sol en nuestras vidas, algo por lo cual podemos estar agradecidos. Si volvemos nuestra atención hacia ello y aprovechamos ese rayo de sol, podemos seguir creciendo. Sin embargo, no aprovechamos al máximo el sol que tenemos, como lo hizo la niña.

Es cierto que hay muchas cosas en la vida cotidiana que incluso la persona más modesta podría disfrutar enormemente si tan solo se detuviera de vez en cuando para observar, escuchar, reflexionar y contemplar. Si intentáramos ver las cosas en su verdadera luz, escuchar los sonidos de la naturaleza y observar los milagros que suceden a nuestro alrededor en el vasto laboratorio de Dios. Podríamos ser felices en las situaciones más comunes de la vida, si solo aprendiéramos a profundizar en las cosas cotidianas, apreciarlas, ver su maravillosa belleza. Sin embargo, nuestra atención se enfoca en lo que deseamos en lugar de apreciar lo que ya tenemos. Anhelamos el futuro, el próximo año, el momento en que estemos en una mejor situación económica, cuando podamos permitirnos lujos, un automóvil o viajes, entonces nos divertiremos y disfrutaremos la vida.

Conozco a un hombre que, a pesar de ser muy pobre, es capaz de encontrar consuelo incluso en las circunstancias más difíciles y desalentadoras. Lo he visto muchas veces, sin un solo dólar en su bolsillo y la responsabilidad de mantener a su esposa, siempre mostrándose optimista, feliz, alegre y satisfecho. Incluso en situaciones embarazosas, encuentra motivos para reír, ver algo gracioso en su pobreza. Nunca se deja eclipsar por las dificultades, porque siempre mira hacia un futuro más brillante. En mi mente no hay ninguna duda de que finalmente alcanzará el éxito en su negocio. Si estamos alegres y contentos, toda la naturaleza sonríe con nosotros. El aire es más suave, el cielo más claro, la tierra se viste de un verde más vibrante, los árboles despliegan un follaje más exuberante, las flores son más fragantes, los pájaros cantan con mayor alegría, y el sol, la luna y las estrellas parecen más hermosos que nunca.

El dinero en sí mismo tiene muy poco que ver con la felicidad. Algunos de los hombres y mujeres más miserables que he conocido han sido muy ricos. Podían tener todo lo que el dinero pudiera comprar, pero su dinero no les brindaba felicidad; no traía alegría ni armonía a sus hogares. De hecho, si muchos de estos hombres y mujeres hubieran sido pobres, es posible que hubieran sido más felices. La verdadera alegría y el buen ánimo provienen de almas grandes, personas que tienen equilibrio interior y confianza en sus propios poderes asistidos por el cielo. Epicteto, el filósofo pagano, vivió su vida de una manera que demostró la verdad de sus palabras: "Un hombre puede ser feliz sin riquezas, sin familia, sin oficio ni honor, sin salud, sin nada de lo que el mundo busca". Si bien la mayoría de nosotros no carecemos de todas estas cosas, a menudo no experimentamos la felicidad porque no vivimos de manera equilibrada como lo hizo Epicteto.

Muchas personas creen que la felicidad consiste principalmente en deshacerse de las cosas desagradables de la vida, como las responsabilidades y las tareas monótonas, escapar de la rutina aburrida y estresante, así como del trabajo pesado obligatorio. Suelen pensar que serían felices si pudieran deshacerse de las preocupaciones cotidianas, las restricciones, el estrés de lidiar con limitaciones financieras, y liberarse de los dolores, las inquietudes y las críticas constantes. Básicamente, la mayoría de nosotros tiende a creer que seríamos felices si pudiéramos librarnos de la ansiedad asociada a las preocupaciones diarias, sin tener que pensar en los costos o los medios para obtener lo que deseamos. Sin embargo, hasta donde sabemos, la riqueza no garantiza la felicidad. En el caso de las personas adineradas, a menudo es cuestión de cambiar la fuente de su ansiedad y preocupación hacia otros aspectos de la vida. Cuando las personas ya no necesitan preocuparse por trabajar o por los costos de la vida, surgen otros obstáculos que pueden socavar su felicidad si no se enfrentan adecuadamente.

Las preocupaciones y los problemas que nos atormentan, impidiéndonos encontrar alegría y felicidad, son como boomerangs que regresan a nosotros como consecuencia de nuestras acciones incorrectas; todas las heridas mentales que sufrimos son autoinfligidas. No es posible que un ser humano lastime a otro sin dañarse a sí mismo. Cualquier acto de maldad conlleva un sufrimiento correspondiente. De manera similar, nuestros pensamientos tienen un impacto en nuestra prosperidad y felicidad. Esta nueva filosofía nos muestra que no es necesario esperar hasta la muerte para alcanzar lo que nos pertenece, para acceder a nuestro propio paraíso de sueños. La tumba no es el portal al paraíso; en realidad, el paraíso está aquí, y vivimos en él, aunque no lo sepamos, porque no siempre somos capaces de verlo, a menos que tengamos una visión del paraíso brillando en todo lo hermoso, lo amable, lo encantador y lo dulce. Nos enseña que el paraíso se gana con la vida correcta y el pensamiento correcto, actuar correctamente y practicar las cualidades de Dios. Esta filosofía nos enseña que podemos alcanzar el paraíso a través de la vida correcta y el pensamiento correcto, al actuar de manera apropiada y cultivar las cualidades divinas. Nos revela que nunca podremos llegar a ser como Dios hasta que adoptemos y practiquemos sus cualidades, que son las cualidades que constituyen la divinidad. Nos muestra que tomar conciencia de nuestra unidad con Dios es la fuente de nuestra fuerza y poder, el secreto del éxito auténtico y la base de la curación. Nos enseña a mirar siempre hacia la luz, incluso cuando no podamos ver claramente el objetivo, a dirigir nuestra mirada hacia la esperanza. Nos enseña a mirar hacia el éxito, hacia la opulencia, hacia la prosperidad, sin importar cuán pobre sea nuestro entorno. Nos enseña a mira hacia el ser perfecto que Dios planeó y deseó, en lugar de enfocarnos en las enfermedades, inmoralidades, pecados, crímenes o imperfecciones. Nos enseña que cuando miramos a los demás con ojos sospechosos, desconfiados, llenos de dudas, envidia, celos u odio, por una ley inevitable, despertamos en ellos las mismas cualidades que sostenemos en nuestra propia mente y que vemos reflejadas en ellos.

Si deseamos atraer lo mejor y sacar lo mejor de los demás, debemos buscar lo mejor en ellos, pensar lo mejor de ellos, confiar y creer en ellos. La persona que sonríe y ve lo mejor en todo y en todos es aquella que saca lo mejor de los demás. Atrae a otros y prospera en la vida, mientras que una cara agria y sombría aleja a las personas.

"Sin sonrisas, no hay negocios", es el lema de un exitoso negocio. Al principio, esto me pareció un lema peculiar, pero al reflexionar, me di cuenta de que es muy apropiado. ¿Acaso no sabemos todos que las caras agrias y sombrías ahuyentan los negocios, mientras que las caras agradables y alegres los atraen? La alegría atrae a más clientes, vende más productos y facilita los negocios con menos esfuerzo que cualquier otra cualidad.

Nadie más que él mismo puede ser ayudado por el dinero del millonario, pero todos se enriquecen cuando conocen o entran en contacto con el millonario del buen ánimo, y cuanto más da de su riqueza, más se multiplica. Andrew Carnegie debía su popularidad y gran parte de su éxito y felicidad a su disposición alegre. En sus últimos años, dijo: "Mis jóvenes compañeros hacen el trabajo y yo hago la risa, y te recomiendo que recuerdes que hay muy poco éxito donde hay pocas risas". Quien toca la nota de alegría y felicidad actúa como un dispensador del bálsamo de Galaad, una fuerza sanadora. Una persona sin alegría es una persona enferma. La tristeza en su espíritu impone una plaga fulminante sobre toda la belleza de su vida. Envejece prematuramente y su fuerza disminuye. "Un espíritu quebrantado seca los huesos". Pero la alegría es una medicina. Promueve la salud y lubrica la maquinaria humana. Mejora todas las facultades mentales y cada función del cuerpo. La alegría nos mantiene jóvenes; es uno de los secretos de la eterna juventud.

Quien admite para sí mismo y para los demás que está enfermo, de hecho está enfermo; pero aquel que se niega a admitirlo y continúa alegremente como si estuviera bien, supera muchas dolencias. Si hubiera sucumbido ante ellas, podrían haber resultado serias. Beecher solía hablar de naturalezas soleadas que se movían por el mundo como melodiosa música, difundiendo alegría y encanto por donde iban. Todos hemos conocido almas raras que viven a la luz del sol todo el tiempo. No importa cuán pobres puedan ser en bienes mundanos, ven algo en la vida por lo cual estar agradecidos. Siempre son útiles, esperanzados, alentadores y felices. Dondequiera que vayan, esparcen luz. Si no siempre podemos controlar nuestros estados de ánimo para estar realmente felices, al menos podemos parecer alegres. Este es un deber que le debemos a la sociedad y a nosotros mismos. Es de mal gusto ir esparciendo veneno mental, el veneno del desaliento, la tristeza, la preocupación y la ansiedad. Es una debilidad llevar una expresión de duelo por el mundo. Es un pecado difundir la tristeza y el desaliento. Debemos aportar al mundo y a nosotros mismos una actitud positiva, dispersar luz y lucir como en nuestro mejor momento, no como en el peor.

El sentido del humor y la capacidad de reír son cualidades únicas en los seres humanos, y esto lleva implícito un mensaje. El Creador quería que nos divirtiéramos, que disfrutáramos y fuéramos felices. La felicidad es nuestro derecho. La risa es una muestra de cordura. Las personas anormales y desequilibradas rara vez se ríen. Para una persona normal, el deseo de reír y disfrutar de momentos alegres es tan natural como la necesidad de respirar. Hay algo preocupante en una persona que nunca se ríe y que siempre está seria. Las cosas que nos divierten y nos hacen disfrutar de la vida ejercen una saludable influencia tanto física como moral. El hábito de la felicidad es tan esencial para nuestro bienestar y para cualquier éxito digno, como lo son el hábito del trabajo, el de la honestidad o el de tratar con justicia. Es posible cultivar el hábito de ser alegres y felices, al igual que podemos aprender a ser corteses con cada persona con la que interactuamos. Cualquier cosa que haga que una persona se sienta feliz y contenta, que disipe las telarañas del desánimo en su mente y ahuyente el miedo, la ansiedad y la preocupación, posee un valor práctico innegable y debe ser fomentada. La diversión sana y abundante puede lograr esto como nada más. Constituye una excelente política de negocios el realizar actividades que recrean, refrescan y rejuvenecen para el trabajo del día siguiente. Por lo tanto, ¿por qué no divertirse y reír en casa? Uno de los mayores errores que muchos padres cometen contra sus hijos es reprimir su amor por el juego en el hogar. Hay padres que insisten en que sus hijos no deben hablar ni reírse durante las comidas, esto es un crimen contra la infancia. En realidad, es incapacitarlos para ser una compañía placentera y agradable, dificultando su habilidad para relacionarse sin problemas cuando crecen y salen al mundo, ya que los hábitos adquiridos en la infancia se vuelven parte del hombre y la mujer adultos. La diversión es tan necesaria como el pan.

Comete un error quien considera la risa y el humor simplemente como elementos transitorios y superficiales, que desaparecen y no dejan nada atrás. En realidad, ejercen una influencia permanente y beneficiosa en todo nuestro carácter y trayectoria. Pasar un buen rato debe ser parte de nuestro programa diario. ¿Por qué no debería entrar en nuestro plan de vida? ¿Por qué optar por la seriedad y el pesimismo en el trabajo o durante nuestras comidas? ¿Acaso no es mejor realizar todo con placer y alegría? La alegría te ayudará a lo largo de la vida. Te ayudará a llevar tus cargas; a superar los obstáculos; incrementará tu valentía, fortalecerá tu iniciativa y te hará más eficaz. No solo te hará más feliz, sino también una persona más exitosa y progresista.

La alegría y el gozo en la vida son nuestras mayores necesidades. Las luchas, desilusiones y dificultades no están destinadas a entristecernos, sino a fortalecernos, ya que si evitamos quejarnos y lamentarnos, nos será otorgada la fuerza para superarlas. La persona alegre reconoce que en todas partes lo bueno contrarresta lo malo, y que cada adversidad lleva consigo un bálsamo compensatorio. Robert Louis Stevenson dijo:

'Un hombre o una mujer feliz es mejor que encontrar dinero. Su presencia es un foco radiante de buena voluntad, y su entrada en una habitación es como si se encendiera otra vela'. Todos fuimos creados para la felicidad, para regocijarnos y estar plenamente contentos. Cualquier inarmonía o discordia en nuestra naturaleza es contraria a la ley divina y a la voluntad divina. La intención del Creador era que fuéramos más felices que los seres más felices de hoy. Amigo mío, si aún no has encontrado esa fuente de felicidad que te mantenga equilibrado y sereno, sin importar lo que te ocurra a ti o a tus seres queridos; si no has hallado ese equilibrio que brinda paz y proporciona comprensión en todas las condiciones, entonces aún no has descubierto el gran secreto de la vida. Todavía tienes que aprender que el verdadero gozo, la auténtica satisfacción, no proviene de poseer cosas ni de fuentes externas, sino que nuestra mayor satisfacción, nuestro disfrute más sublime, nuestra felicidad más profunda, emana desde nuestro interior. Ahí se encuentra la fuente de todo suministro; ahí es donde hacemos contacto con Dios, la Fuente de todo bien; ahí es donde tocamos lo divino en nuestro grandioso interior.

Si tu suministro es limitado y te sientes infeliz, insatisfecho o triste, puedes estar seguro de algo no está bien en tu interior. Existe algún error en tu manera de pensar, en tus motivaciones, en tus acciones o en tu visión de la vida. De alguna forma estás transgrediendo tu naturaleza o no estás usando tus poderes correctamente.

CAPÍTULO 17

CONCENTRACIÓN: LA CLAVE PARA SER GRANDIOSO

Hace muchos años, dos amigos emprendieron un viaje; uno montaba un corcel, mientras el otro iba a pie. El que cabalgaba iba por todas partes, excepto en la dirección necesaria, argumentando que 'hay tiempo de sobra y mi montura es excelente'.

El tiempo también viajó y cuando, finalmente, llegó la hora límite, el que buscaba placer todavía se encontraba lejos de la meta. Mientras que el que iba con un ritmo constante estaba al final de su viaje, con una sola sombra en su corazón, el fracaso de su amigo.

El hijo de un humilde maestro de escuela en Gales, sin ventajas de nacimiento o fortuna, sin influencia de ningún tipo, logró ascender al puesto más alto en el Imperio Británico. David Lloyd George, como primer ministro de Inglaterra, se posicionó al lado del rey Jorge V, mientras que su poder y responsabilidad excedían los del rey o cualquier otra persona en el imperio. ¿Cuál fue el secreto de su éxito? Se puede resumir en una palabra: concentración. Su padre falleció antes de que el niño cumpliera dos años. Su madre llevó a la familia a vivir con su hermano, Richard Lloyd, un humilde zapatero. La zapatería era una especie de foro político para los trabajadores del vecindario, y fue allí donde el joven David recibió su primera educación en política. Durante su adolescencia, estudió leyes y a los veintiún años comenzó a ejercer su profesión.

Mucho antes de ser admitido en el colegio de abogados, durante su primera visita a la Cámara de los Comunes, David Lloyd George decidió que ese sería su futuro dominio. En ese instante, se propuso ingresar al parlamento. Con toda la energía y tenacidad que caracterizaban su naturaleza, se concentró en este anhelo, con el resultado que todo el mundo conoce. Se convirtió en uno de los hombres de Estado más hábiles y brillantes que Inglaterra ha conocido, y una figura muy influyente en los asuntos mundiales.

Lo que David Lloyd George logró en su ámbito, tú también puedes alcanzarlo en el tuyo, tal como lo han hecho millones de personas mediante el mismo medio: la concentración. No existe un imán más potente en el mundo para atraer lo que deseamos, ni una fuerza más efectiva para lograr nuestras metas, que la concentración. Ha sido el factor principal en todos los grandes logros de la historia. Es la piedra angular del éxito en cada campo; el principio fundamental sobre el cual se construye todo progreso. Todos los inventos, todos los descubrimientos, todas las comodidades modernas que disfruta el mundo, son el fruto de mentes enfocadas.

Lo que sea que anheles ser o tener, puedes lograrlo enfocando tu mente y concentrando tus esfuerzos en esa única meta. Cuando Franz Liszt, el gran compositor, era simplemente un joven, fue reprendido por su hermano mayor, aspirante a ser un gran terrateniente, por malgastar su tiempo en la música. El aspirante a terrateniente despreciaba la inclinación musical de su hermano menor, argumentando que un talento para la música solo podía arruinar a un hombre. Sin embargo, Franz se mantuvo firme, escapándose en varias ocasiones para perseguir su anhelo de una carrera musical, que era desalentada en casa. Años después, cuando su hermano mayor se había convertido en un rico terrateniente, fue a buscar a Franz, que seguía siendo un músico esforzado. Al no encontrarlo, dejó su tarjeta con la inscripción 'Herr Liszt, propietario de tierras'. Pasado más tiempo, cuando el joven compositor alcanzó el éxito, visitó a su hermano terrateniente y le entregó su tarjeta, que decía: 'Franz Liszt, propietario de cerebro'. Más allá del humor de esta pequeña historia, lo esencial es que cada hermano logró aquello en lo que se concentró; uno se convirtió en un rico terrateniente y el otro en un músico y compositor de fama mundial. Si tu ambición es similar a la del hermano mayor, convertirte en un rico terrateniente o un próspero empresario, entonces debes concentrarte en la prosperidad y en la adquisición de riqueza. Conocemos a muchas personas que parecen atraer dinero de todas partes; todo lo que tocan se convierte en oro, como dice la expresión popular. Por otro lado, hay quienes trabajan igual de duro por el mismo fin y no logran éxito alguno. Las diferencias en los resultados se deben a la variación en la intensidad y persistencia de la concentración.

El natural hacedor de dinero piensa constantemente en términos de dinero; mentalmente está ganando dinero en todo momento, debido a que su mente está enfocada en ello. Siempre está alimentando su visión del dinero, manteniendo una actitud positiva en su convicción de que ganará dinero y se enriquecerá. Su concentración en este objetivo es tan intensa y firme que, de alguna manera, literalmente crea dinero. Por otro lado, la persona que desea dinero, pero no se concentra intensamente en obtenerlo, dudando de su capacidad para conseguirlo y temiendo nunca alcanzar lo que consideramos una posición acaudalada, se asemeja a quien anhela el éxito pero siempre está pensando en el fracaso, lleno de preocupaciones y miedos, creyendo que nunca logrará el éxito. Es como alguien de habilidades promedio que dispersa sus esfuerzos en múltiples direcciones, esperando alcanzar el éxito por casualidad en alguna de ellas. El éxito nunca llega por casualidad. Incluso el genio más grande del mundo nunca ha creado una obra maestra en ninguna línea por casualidad. La concentración es la llave maestra de todo éxito, la ley fundamental del logro. Aquel que no se concentra alcanzará un éxito parcial, será mediocre o un completo fracaso. Los franceses tienen un proverbio que dice: 'El que hace una cosa es tremendo', lo que implica que quien se enfoca en una sola cosa es irresistible. No importa si el mundo se opone a su progreso, se abrirá camino hacia su objetivo. Lo que convirtió a Napoleón en una de las figuras más destacadas de la historia fue que dedicaba todas sus energías al cumplimiento de su propósito. Su intensa concentración en su único y firme objetivo le permitió inscribir su nombre en las piedras de la capital de Francia y sellarlo indeleblemente en el corazón de cada francés. Incluso hoy, un siglo después de su muerte, Francia, siendo una república, sigue hechizada por el nombre de Napoleón.

El jefe de una de las zapaterías más grandes del mundo, dijo: "Uno de mis mayores anhelos es hacer que la industria del calzado sea exitosa. No soy director ni administrador de ningún banco. No disperso mis energías. No pretendo ser experto en muchas cosas, pero conozco el negocio del calzado. He dedicado mi habilidad, mi energía, mi vida a fabricar buenos zapatos'. Este hombre, que empezó su carrera desde el escalón más bajo, sin capital ni influencia, construyó un negocio que hoy emplea a doscientos vendedores viajeros y factura unos veinticinco millones de dólares al año. Emerson dijo: 'La única prudencia en la vida es la concentración; el único mal es la disipación'. Dispersar nuestras energías y diluir nuestra fuerza creativa, no enfocar nuestra mente y mantenerla centrada, es responsable de nueve de cada diez fracasos en la vida y de la mayor parte de la pobreza en el mundo. Conozco a una persona que genera más ideas nuevas y planes que cualquier otra que haya conocido, pero nunca ha logrado más que una vida modesta porque nunca permanece el tiempo suficiente en una idea para hacerla funcionar. Su poder mental y toda su energía se disipan persiguiendo una novedad tras otra, sin llevar ninguna a su culminación. Cada vez que hablo con él, me asombra la fertilidad de su mente, su ingenio para desarrollar ideas originales, muchas de las cuales podrían ser valiosas si se implementaran, pero nunca pasan de la fase mental por falta de la concentración necesaria para materializarlas y ponerlas en práctica. Hay miles como este hombre, ganando salarios modestos en puestos comunes, cuyo conocimiento en una docena de campos diferentes, si se hubiera concentrado en una sola área, los habría convertido en especialistas eficientes. En todas partes encontramos personas que en su juventud estudiaron leyes, medicina, teología, enseñaron unos años, trabajaron en tiendas, en ferrocarriles, iniciaron pequeños negocios, viajaron por alguna causa y finalmente se asentaron en algo, solo para descubrir que los años de entrenamiento y oportunidad, cuando eran más susceptibles a la disciplina, ya habían pasado.

No importa cuán brillante o versátil seas, no puedes permitirte el lujo de dividir tu habilidad y desperdiciar valiosa experiencia, saltando de una vocación a otra. Para tener un éxito significativo, debes ser una persona íntegra, sin intereses divididos, capaz de dedicar todo tu ser a una sola vocación. Nadie es lo suficientemente grande como para dividirse en múltiples partes; y cuanto antes una persona asimile esta verdad, mejor serán sus posibilidades de convertirse en un miembro valioso de la sociedad. Elbert Hubbard dijo: 'El maestro en cualquier campo es alguien que ha desarrollado un trabajo inteligente, concentración y confianza en sí mismo hasta convertir estas cualidades en hábitos de su vida". Coleman Dupont es un excelente ejemplo de maestría. En un momento crítico para la empresa Dupont, cuando fue llamado a liderarla y esta estaba perdiendo terreno, gracias a su impresionante labor y concentración, apoyada por la confianza en su habilidad para realizar lo que se había propuesto, logró revertir la situación y llevar la compañía hacia el éxito. En una entrevista, al preguntársele cómo lo había logrado, el Sr. Dupont respondió: 'Hablaba de los productos, comía pensando en los productos, soñaba con los productos. No pensaba en nada más aparte de los productos'. Esta concentración en un objetivo fijo construyó una enorme institución de renombre mundial.

No importa cuál sea tu negocio, oficio o profesión, siguiendo los notables métodos de concentración del Sr. Dupont, que lo convirtieron en un maestro en su campo, no puedes fallar. Piensa en lo que deseas; háblalo; vívelo; respíralo; suéñalo; actúalo; irradia ese deseo desde cada poro de tu cuerpo; satura tu vida con él; visualízalo; cree firmemente que ya es tuyo. Esa es la única manera de obtener algo valioso en este mundo. Si tan solo pudiéramos comprender el maravilloso poder del pensamiento, la fuerza creativa en la concentración, el poder de atracción de la visualización intensa, ¡cuánto más podríamos lograr! Esto es lo que realmente convierte la mente en un poderoso imán para atraer lo que deseas, lo que más anhelas. En todas partes vemos ejemplos de la fuerza de atracción del pensamiento positivo y definido, concentrado en un objetivo. Tomemos, por ejemplo, a los niños judíos que emigran a América desde otros países. Desde el principio, muestran el concentrado instinto comercial de su raza. Piensan en términos de hacer dinero; mantienen sus mentes enfocadas en formas y medios de ganar dinero hasta que se convierten en poderosos imanes que atraen dinero de todas partes. Es por eso que suelen tener éxito y se vuelven ricos, donde jóvenes estadounidenses con mejores oportunidades a menudo atraen la pobreza y permanecen pobres toda su vida. Desde el momento en que el niño judío comienza a limpiar zapatos en la calle, vender periódicos o pequeños artículos, siempre está pensando en el dinero que va a ganar; contando lo que tiene y planeando lo que hará con él; cómo puede aumentarlo; cómo puede ampliar su pequeño negocio, invertir sus ganancias y acumular más dinero. En poco tiempo, tiene un puesto de periódicos o una pequeña tienda; invierte en bienes raíces; gradualmente toma préstamos y construye una casa, y continúa con el comercio, pensando siempre en ganar más dinero, hasta que un día, este pequeño vendedor de periódicos, lustrador de zapatos o vendedor ambulante se convierte en una persona de fortuna —un millonario.

Para manifestar la prosperidad, debes concentrarte en ella; debes mantener una actitud de prosperidad; para demostrar la abundancia, debes pensar en la abundancia. De igual manera, si quieres estar saludable y vigoroso, debes enfocarte en la salud y el vigor. No basta con anhelar la salud; debes creer que serás y que ya eres sano y fuerte. Debes esperarlo. De acuerdo con tu fe, te será hecho. Debes mantener en tu mente aquello que deseas expresar en tu vida y creer que llegará.

El estudiante que aspira a ser abogado llena su mente con la ley. Piensa en la ley, lee y estudia las leyes, mantiene su mente enfocada en su futuro como abogado; se rodea de un entorno jurídico; se visualiza a sí mismo practicando y siendo reconocido en su profesión; llena continuamente su vida con su ideal y, mediante la fuerza de su poderosa concentración, se capacita para la práctica de la ley. El estudiante de medicina debe seguir el mismo método; lo mismo el aspirante al ministerio o cualquier otra vocación. Y lo mismo debe hacer el aspirante a la riqueza.

No puedes esperar ser próspero si no te aferras a la visión de la prosperidad, si no crees con todo tu corazón que serás próspero. Si tu mente está ocupada mayormente con algo diferente, si está llena de dudas sobre si alguna vez alcanzarás la prosperidad, no te engañes a ti mismo pensando que la prosperidad llegará solo por trabajar duro. No lo hará. Nada entra en tu vida, excepto a través de la puerta de tus pensamientos, de tus expectativas, tu fe. La concentración es indispensable para el éxito en cualquier ámbito. Como dice la Dra. Julia Seaton: 'La concentración es la esencia vital de toda la vida, y sin ella no hay un propósito real, ningún control real. Sobre el poder de concentración, más que sobre cualquier otra cosa, depende nuestra ley de atracción, controlando y dominando las condiciones de la vida'.

Si te sientes desanimado porque no avanzas como esperabas, algo no está funcionando correctamente. Tu mente no está alineada de manera armoniosa con tus esfuerzos en el plano físico. Algo está frenando tu progreso, y ese algo es un obstáculo mental que tú mismo has puesto en tu camino. No estás pensando correctamente, no estás concentrando en la dirección de tus deseos con confianza y fe. Puede ser el desaliento, la duda, una mente vacilante y dividida, la dispersión de tus esfuerzos; alguna de estas cosas está neutralizando la fuerza que naturalmente te impulsaría hacia tu objetivo. Posiblemente, estés desperdiciando tus energías dedicando tu tiempo libre a otras actividades, intentando tener un poco de éxito aquí y allá, sin entregarte completamente a tu verdadero trabajo de vida.

En Maine, los granjeros dicen que los caballos son torpes si no llevan anteojeras, ya que su atención se dispersa fácilmente, lo que dificulta la marcha y la velocidad del animal. De manera similar, muchas personas se han perjudicado al no limitarse a un ámbito lo suficientemente estrecho como para concentrar y dirigir sus energías eficazmente. Andrew Carnegie expresó: 'Una gran causa del fracaso de los jóvenes en los negocios es la falta de concentración. Tienen tendencia a buscar inversiones externas, líneas laterales. Muchos fracasos sorprendentes se deben a esta práctica. Cada dólar de capital y crédito, cada pensamiento empresarial, debe concentrarse en el único negocio en el que la persona se ha involucrado. Nunca debe dispersar su enfoque. Nadie, ni un individuo, ni un grupo de personas, ni una corporación, pueden administrar el capital de un empresario tan bien como él mismo. La regla de 'No pongas todos tus huevos en una canasta' no se aplica a la vida empresarial de una persona'.

No temas ser conocido como alguien de una sola idea. Las personas que han impactado el mundo han sido precisamente de este tipo. Las personas que alcanzan el éxito son aquellas cuyo propósito está impreso en cada fibra de su ser, quienes tienen la habilidad de enfocar sus energías dispersas en un punto focal único, similar a un espejo ustorio que concentra los rayos dispersos del sol en un solo punto. Alexander Hamilton dijo: 'Cuando tengo un tema en mente, lo estudio con profundidad. Día y noche, está presente en mis pensamientos. Mi mente se llena de eso. Luego, el éxito que alcanzo, la gente suele llamarlo genio. Pero es el resultado del pensamiento y el trabajo duro'. La concentración sin genio, logrará más que el genio sin concentración.

CAPÍTULO 18

EL TIEMPO ES DINERO Y MUCHO MÁS

Pocos de nosotros nos damos cuenta de la conexión entre el día y la hora en que vivimos y nuestro éxito, felicidad y destino.

Es mucho más fácil soñar con un gran éxito mañana que esforzarse por hacer de hoy un gran éxito.

Cuando observo a un joven que aprovecha cada instante para mejorarse a sí mismo, que se esfuerza por hacer que cada día sea significativo, entonces sé que algo grande, algo realmente importante, le espera en el futuro.

Nuestros 'hoy' son los bloques con los que construimos nuestro futuro. Si son defectuosos, toda la estructura de nuestra vida también lo será. Ese maravilloso futuro con el que tanto has soñado será el reflejo exacto de lo que pongas el día de hoy.

El mundo ofrece innumerables oportunidades a quien sabe aprovecharlas. El poder y la fortuna están ocultos en las horas y los momentos que transcurren, aguardando al ojo que sabe ver, al oído que sabe escuchar y a la mano que está preparada para actuar.

Cuando la reina Isabel de Inglaterra estaba en su lecho de muerte, exclamó: '¡Daría mi reino por un momento más!'. Uno de los hombres más ricos del mundo expresó que daría millones de dólares por tener unos años más de vida. J. Pierpont Morgan solía afirmar que cada hora de su tiempo valía mil dólares. Probablemente, su valor era incluso mayor, si se mide solo en términos monetarios, dado que la acumulación de su gran fortuna era solo un aspecto de la multifacética carrera de Morgan. Pero el tiempo es infinitamente más valioso para nosotros, más allá de su capacidad para generar dinero. Nunca he sabido de alguien que haya tenido éxito en alguna dirección sin haberse dado cuenta primero del inmenso valor del tiempo.

El tiempo es nuestro activo más preciado, nuestra mayor riqueza; porque en él reside nuestro éxito, nuestra felicidad, nuestro destino. Sin embargo, miles de personas se dedican a matar el tiempo, su principal objetivo en la vida es desperdiciarlo lo más rápido posible. No se dan cuenta de que esto es infinitamente más derrochador que si un hombre rico arrojara cientos de dólares o valiosos diamantes al mar, o hiciera como Cleopatra, quien disolvió perlas inestimables en una copa de vino para beberlas.

El futuro de un joven se puede estimar con precisión por el valor que le da a su tiempo, especialmente su tiempo libre. Desde la fundación de la república estadounidense, las personas más grandes y exitosas han sido aquellas que no solo en su juventud, sino a lo largo de sus vidas, utilizaron cada momento libre para ampliar sus mentes, aumentar su conocimiento y desarrollar sus habilidades en sus campos especializados. Figuras como

Washington, Franklin, Lincoln, Burritt, Morse, Field, Edison y otros individuos en cada línea de trabajo de todo el mundo civilizado, quienes hicieron grandes contribuciones a la humanidad y se hicieron famosos, lograron su gran trabajo no porque fueran genios, sino porque sacaron todo el valor de cada minuto de su tiempo.

"El senador estadounidense Hoar de Massachusetts una vez dijo: 'He conocido a muchos diplomáticos renombrados, eminentes en ciencia, en diversas profesiones y en los negocios. Si tuviera que señalar el secreto de su éxito, en general, no lo atribuiría a una superioridad innata en el genio, sino más bien al uso que hicieron del tiempo en su juventud, después de que el día de trabajo había terminado, esas horas que otros desperdician o dedican a la ociosidad, al descanso o las fiestas. Las grandes cosas en este mundo han sido hechas por personas de capacidad natural común, que han sacado lo mejor de sí mismas, haciendo todo lo posible sin desperdiciar el tiempo'. Hoy en día, hay muchos empleados comunes y corrientes que tal vez piensan que no tienen tantas oportunidades como sus colegas más brillantes o destacados, quienes en unos años ocuparán puestos de alta responsabilidad. La historia nos muestra que cada año surgen gigantes desde las filas, a menudo jóvenes, cuyo rápido ascenso sorprende a todos.

La única razón por la cual alguien permanece como un empleado común, realizando trabajo rutinario y recibiendo un modesto salario, no se debe a su falta de capacidad para ascender, sino porque no está aprovechando las posibilidades de tu tiempo libre. Charles M. Schwab, por ejemplo, quizás no tenía más habilidad ni oportunidades de ascender que los cientos de otros jóvenes que trabajaban con él en la planta de Andrew Carnegie, donde comenzó ganando un dólar al día. La clave de su transformación en millonario y líder en su campo fue su percepción de la necesidad de una educación más amplia de la que había adquirido hasta ese momento. Dedicó sus tardes y tiempo libre a mejorar sus deficiencias y, en particular, a adquirir conocimientos especializados sobre hierro y acero. Siempre estuvo atento para aprovechar las oportunidades, preparándose constantemente para ocupar los puestos superiores en caso de que se liberaran. Esa es la razón de su rápido ascenso y de por qué hoy es uno de los hombres de negocios más ricos y destacados en su sector, mientras que sus primeros colegas, que preferían 'pasar un buen rato' en lugar de mejorar ellos mismos en su tiempo libre, quedaron en el anonimato.

Refiriéndose a sus primeros años en las obras de Carnegie, cuando empezó a llamar la atención, Schwab comentó: 'En ese tiempo, la ciencia comenzó a desempeñar un papel importante en la fabricación de acero. A los veintiún años, mi salario me permitía casarme y tener mi propio hogar. Creo en el matrimonio a temprana edad, como regla general. En mi casa, monté un laboratorio y estudiaba química por las noches, decidido a conocer todo sobre la fabricación de acero. Aunque no recibí una educación técnica formal, me convertí en un experto en química y laboratorio, lo que resultó ser de un valor incalculable. Lo que quiero decir es que mi trabajo experimental no formaba parte de mis obligaciones, pero me proporcionó un conocimiento más profundo. El éxito es posible para la persona que va más allá de su simple deber, que llama la atención de sus superiores, mostrando que se está preparando para avanzar.

Los empleadores suelen seleccionar a sus asistentes entre los más informados, competentes y con mayor conocimiento. "Uno está tan cansado después de un día de trabajo que no tiene ganas de estudiar", es la excusa común que tienen las personas cuando se les recuerda que no están haciendo nada para avanzar. Esta justificación suele provenir de quienes son demasiado perezosos para trabajar por lo que desean o carecen de la ambición de escalar. Es un hecho conocido que cambiar de actividad por las tardes, empleando diferentes grupos de músculos, tejidos cerebrales, ideas y pensamientos, suele ser más revitalizante que agotador.

Por supuesto, todos necesitan tiempo para la recreación, el ejercicio y el descanso necesario, pero aquellos que alegan estar demasiado cansados para estudiar o leer por las noches a menudo gastan más energía en actividades frívolas o sin rumbo que la que invertirían en actividades enriquecedoras. Recientemente, leí acerca de una profesora de escuela que aprendió seis o siete idiomas durante su tiempo libre. Posteriormente, comenzó a enseñar a alumnos privados por las tardes y ahorró lo suficiente como para viajar a Europa y perfeccionarse en esos idiomas. El placer y el conocimiento cultural que obtuvo en sus viajes por distintos países europeos fue una gran recompensa por los sacrificios hechos. Pero logró mucho más que eso, ya que avanzó rápidamente en su carrera y ahora es instructora de francés, alemán e italiano en una escuela secundaria para niñas.

Ruskin afirma que 'todo el período de la juventud es esencialmente uno de formación, construcción e instrucción. No hay una hora que no esté cargada de destino; ni un momento del cual, una vez transcurrido, el trabajo designado pueda ser hecho de nuevo'. Millones de personas fracasadas hoy lamentan haber dejado pasar oportunidades doradas en su juventud, las tardes y vacaciones que desperdiciaron cuando podrían haber sentado las bases para un futuro feliz y exitoso. Ahora sienten que es demasiado tarde incluso para intentar rectificar. Se enfrentan a una vejez marcada por la pobreza y amargos remordimientos. No existe una varita mágica que pueda otorgarle a un joven un futuro dorado si es negligente, realiza un trabajo descuidado y desperdicia sus horas en la fábrica del presente.

La ambición, el coraje, el trabajo duro, el ímpetu, la energía, la iniciativa, la meticulosidad en tu labor diaria y la perseverancia en mejorarte en tu tiempo libre son los ingredientes garantizados para forjar un futuro dorado, para traerte riqueza, conocimiento, sabiduría, poder, fama, o cualquier cosa que desees. El gran estadista inglés, William E. Gladstone, dijo: 'Créanme cuando les digo que el ahorro de tiempo les recompensará en el futuro con ganancias más allá de sus sueños más optimistas, y el derroche de tiempo les hará disminuir en estatura intelectual y moral más allá de sus peores cálculos'.

La manera en que muchas personas han empleado su tiempo libre ha marcado la diferencia entre la mediocridad y el gran logro. Miles de hombres y mujeres han sido lo suficientemente inteligentes para reconocer el valor de las incalculables probabilidades y propósitos del tiempo, donde otros imprudentemente lo desperdiciaron. Si alguien te propusiera comprar una gran parte de tu capacidad vital, no considerarías venderla, ni siquiera por una suma extraordinaria. Es lo que te brinda la oportunidad de hacer las cosas bien, de convertir tu vida en una obra maestra; naturalmente, no te separarías de ello. Dirías que no puedes vender tu patrimonio de poder, en el cual está envuelto todo tu destino: tu entusiasmo, tu energía, tu carrera, tu ambición. Pero, no te das cuenta de que estás haciendo prácticamente lo mismo cuando permites que tu recurso más valioso para el éxito –tu tiempo– se escape en todo tipo de distracciones; en ociosidad, disipación, placeres superficiales y tontos, o peor aún, en placeres que matan tu autoestima y te hacen odiarte al día siguiente.

Para tener éxito de manera adecuada, acorde con tus posibilidades, no solo debes cortar todas las fugas de tiempo, sino también reparar cada fuga en tu sistema mental y físico, deteniendo cada salida de energía que no contribuye a hacerte más apto, a convertir tu vida en el gran éxito que es posible para ti. A menudo se nos recuerda el valor del tiempo con la expresión 'el tiempo es dinero'. Pero el tiempo es más que dinero; es la vida misma. Cada momento que pasa, se lleva consigo una parte de nuestra existencia. El tiempo es oportunidad. El tiempo representa nuestro capital para el éxito, nuestras posibilidades de logro. Todo lo que esperamos, todo lo que soñamos con alcanzar, depende de él. Victor Hugo dijo: 'Corta como es la vida, la hacemos aún más corta por el desperdicio del tiempo'.

Aconsejaría a todos colocar esa frase en la pared de su dormitorio y sobre su escritorio o lugar de trabajo, donde les recuerde constantemente las inmensas posibilidades que albergan los minutos y las horas de cada día. Si decides hacer bien tu trabajo todos los días y te mantienes fiel a esa resolución, nada podrá impedir que seas una persona exitosa y destacada. Tú eres el arquitecto de tu destino, el maestro de tu futuro, y ahora estás moldeando lo que vendrá. Cada día te acerca un paso más o te aleja del objetivo de tus anhelos. Las preciosas horas son invaluables. En ellas reside la realización de todos tus sueños.

Ocasionalmente, recibo cartas de personas que lamentan no poder asistir a la escuela o la universidad Argumentan que deben trabajar para ganarse la vida y, por tanto, no tienen la oportunidad de adquirir una educación formal. Sin embargo, nunca se han detenido a pensar que muchos de los hombres y mujeres más prominentes han sido autodidactas. No me refiero a que hayan tenido éxito académico en la escuela o la universidad, sino que realmente obtuvieron una educación en su sentido más amplio y profundo, mediante sus propios esfuerzos, con poca o ninguna escolarización formal. Si tú, que te quejas de no tener la oportunidad de obtener una educación y, por ende, crees que no tienes la oportunidad de hacer algo valioso, deberías leer las vidas de hombres y mujeres que alcanzaron posiciones de poder a través de la autoeducación. Estudia las biografías de personas como Franklin, Lincoln, Greeley y Garfield, personas de distintas naciones que surgieron de la extrema pobreza y que, por pura fuerza de voluntad y un uso inteligente de cada momento libre, ascendieron a las más altas posiciones en la vida, ocupando puestos de honor, poder y riqueza. Como dijo Hamilton W. Mabie: 'Una de las cualidades distintivas de una persona fuerte y capaz es su clara comprensión de lo que puede lograr con el tiempo y las herramientas que tiene a su disposición. Tal persona no desperdicia tiempo en soñar ociosamente con lo que haría si pudiera ir a la universidad, viajar o tener largos períodos de tiempo libre. Para tal persona no existe la frase 'ninguna posibilidad', a causa de condiciones adversas. Si las condiciones son desfavorables, se enfrenta a ellas y las supera'.

La pregunta que cada persona debe responder no es qué haría si tuviera los medios, el tiempo, la influencia y las oportunidades educativas; la pregunta es qué hará con lo que tiene. En el momento en que una persona deja de lamentar su falta de oportunidades y resueltamente mira sus condiciones a la cara y decide cambiarlas, allí se sientan las bases para un éxito sólido y duradero. No importa cuán limitado sea tu tiempo o cuán exigente sea tu trabajo diario, siempre es posible entrenar tu mente. Cultivándote a través de la lectura y el estudio en tus momentos libres, puedes convertirte en una persona educada, con una visión de vida mucho más amplia y una capacidad de ganancia infinitamente mayor que la de una persona sin educación.

Tomemos como ejemplo a Andrew Carnegie, el joven escocés, quien empezó con solo una educación básica. Sin embargo, a través de la lectura y el estudio en sus ratos libres, adquirió la cultura que le permitió escribir varios libros y numerosos artículos sobre temas de relevancia mundial, sin mencionar sus logros comerciales y la inmensa fortuna que adquirió. George Stephenson, el constructor de la primera línea ferroviaria pública del mundo, valoraba cada momento libre como si fuera oro. Se educó a sí mismo y realizó gran parte de su mejor trabajo durante su tiempo libre. Aprendió a leer y escribir en una escuela nocturna y estudió aritmética durante sus turnos nocturnos como ayudante de bomberos en una mina de carbón.

Las vidas y obras de miles de benefactores del mundo demuestran que, independientemente de cualquier inversión que una persona pueda realizar en la vida, ninguna es tan satisfactoria como invertir en uno mismo, transformando el tiempo de ocio en conocimiento y poder. Cuanto más grande es una persona, mayor valor le da al tiempo. Lo considera como un gran activo, como el capital más preciado, capaz de enriquecer la vida. Sea cual sea su ambición, ya sea adquirir una fortuna o alcanzar el éxito en otra área, comprende que todo depende de cómo utilice su tiempo libre. Por otro lado, las personas de naturaleza más débil nunca ven el tiempo como un recurso valioso y no están dispuestas a pagar el precio que las personas más resueltas sí pagan para hacer realidad sus sueños. No resisten la tentación del placer por el bien de su anhelo. No practican el ahorro en el uso de su tiempo, como tampoco lo hacen en el uso de su dinero. Al malgastar tiempo, no se dan cuenta de que están aniquilando sus posibilidades, su futuro y, en cierto modo, a sí mismos.

Un espléndido lema diario que todos deberíamos adoptar es: 'Haré que este día valga la pena'. Al despertar por la mañana, al comenzar a trabajar y en múltiples ocasiones a lo largo del día, repítete a ti mismo: 'Haré que este día valga la pena. No pasará en la historia de mi vida como un tiempo desperdiciado o no aprovechado para mi progreso. Independientemente de si tengo ganas o no, voy a hacer que este día cuente. Lo convertiré en un día significativo, uno en el cual mi trabajo fue efectivo y eficiente'. Si practicas esto todos los días, te sorprenderás del impacto maravilloso que tendrá en tu vida entera. Te elevará al punto más alto de tu posible eficiencia y efectividad. Será significativo para ti, tanto en carácter como en ganancias.

'Se pierde todo ese tiempo que podría emplearse de mejor manera'. Si todos fuéramos conscientes de la verdad de esta afirmación, habría más éxitos y menos fracasos en la vida. Cada uno de nosotros dispone del mismo número de horas al día, del mismo número de días al año, y la diferencia principal entre el éxito y el fracaso reside en cómo utilizamos esas horas y días.

En el mismo entorno y con las mismas posibilidades, una persona puede elevarse a la fama y la fortuna mediante el uso correcto del tiempo que otros desperdician imprudentemente. Es lo que ponemos en cada momento que pasa, solo eso y nada más, lo que define nuestra vida, nuestro carácter y nuestro éxito. La cosecha de nuestros mañanas será correspondiente a la semilla que sembramos hoy. Si no ponemos calidad en el momento presente, aquello que esperamos en nuestro éxito, en nuestro carácter y en nuestra vida en su conjunto, no estará allí. Si hoy no hay energía, empuje, valentía, iniciativa, un trabajo de calidad, los frutos de estos no pueden aparecer en nuestro futuro. Es la ambición diaria, la que nos lleva a comenzar cada mañana con la firme resolución de no permitir que las horas se escurran entre los dedos hasta haber extraído su máximo potencial para un día exitoso. Y es la acumulación de estos éxitos diarios lo que construye una gran vida exitosa, permitiéndonos realizar los sueños que teníamos de niños.

CAPÍTULO 19

LA PERSONA POSITIVA VS. LA NEGATIVA

Una mente negativa nunca conduce a ninguna parte; solo tiene el poder de destruir y derribar.

Desarrollar un estado mental negativo es sorprendentemente fácil, y es absolutamente fatal para el éxito. Antes de poder atraer prosperidad o desarrollar eficiencia, es esencial liberarnos de este estado mental negativo.

No es posible actuar de manera negativa sin obtener resultados negativos.

La persona vacilante, por más fuerte que sea en otros aspectos, es siempre empujada a un lado en la carrera de la vida por una persona determinada, positiva y decidida, que sabe lo que quiere y actúa en consecuencia. Incluso aquellos con gran inteligencia deben ceder el paso ante la determinación.

Incluso si te equivocas, es preferible tomar decisiones de manera positiva y ejecutarlas con energía a estar siempre en la duda, contemplando y postergando.

Cada decisión importante implica renunciar a algo, y cuanto más intentamos evadir la dificultad, más reflexionamos sobre lo que se debe decidir, más complicamos toda la situación.

No basta con mantener una actitud mental positiva; para ser inmune a todos los enemigos de la prosperidad y la felicidad, tu mentalidad debe ser vigorosamente positiva.

Es la mentalidad positiva y vigorosa la que impulsa las acciones y hace que las cosas sucedan. El pensamiento negativo siempre representa debilidad y conformismo, siguiendo el camino trillado..

Imagina una civilización en la que todos aprendieran a hablar y pensar de manera decidida y constructiva. Sería una maravillosa sociedad. La mente que atrae cosas buenas es una mente fuerte, optimista, llena de expectativas positivas, llena de fe, esperanza y confianza en el bien. Por otro lado, la mente pesimista atrae situaciones negativas.

Si no aprendes a decidir con firmeza y luego actuar sobre tu decisión; si vacilas y titubeas, si permites ser llevado por las circunstancias conflictivas, el barco de tu vida siempre estará a la deriva; nunca estará anclado. Siempre estarás a merced de las tormentas y tempestades, y nunca llegarás al puerto de la prosperidad.

Cuando una persona me pregunta sobre sus posibilidades de éxito en la vida, trato de descubrir algo sobre su habilidad para decidir. Si puede hacer esto rápidamente, definitivamente y con firmeza, estoy seguro de que tendrá éxito. No existe otra cualidad que desempeñe un papel tan importante, especialmente en las carreras comerciales, como la capacidad de decidir las cosas de forma inteligente, rápida, firme y definitiva. Quien está hecho de material ganador no titubea, ni se tambalea, ni vacila, ni se balancea sobre la valla. Salta directamente y aborda lo más difícil primero, y continúa con ello. Voltaire nos dice que la indecisión es la característica más prominente de la debilidad de carácter.

Lo que obtenemos de la vida no lo conseguimos por la fuerza física, sino mediante el sutil poder de la atracción mental. Nosotros mismos atraemos las cosas hacia nosotros al convertir nuestras mentes en imanes que extraen del vasto almacén cósmico de inteligencia. De este inmenso océano de recursos que nos rodea, atraemos aquello que tiene afinidad con nuestra actitud mental. Algunos atraen el éxito, mientras que otros atraen el fracaso. Algunos atraen la opulencia y la abundancia, mientras que otros atraen la pobreza y la escasez. Todo depende de la diferencia en el pensamiento, ya sea positivo o negativo, constructivo o destructivo..

Los pensamientos negativos desmagnetizan la mente, atrayendo así exactamente lo contrario de lo que deseamos. Aquellos que se mantienen en la mediocridad o experimentan fracasos en la vida podrían dar un gran salto adelante si pudieran mantener alejados de sus mentes todos los factores que los hacen negativos. Son sus estados de ánimo desalentadores y todos sus pensamientos perjudiciales: sus dudas, miedos, preocupaciones, incertidumbres y su falta de confianza en sí mismos lo que socava el poder creativo de la mente y la vuelve negativa. La mente negativa no llega a ninguna parte; es la mente positiva la que irradia fuerza y avanza en el mundo. Una mente negativa solo puede destruir y derribar. Muchas personas se concentran tanto en sus limitaciones para avanzar en la vida, en su pobreza y sus desgracias, que crean una verdadera atmósfera de fracaso a su alrededor. Se rodean de pensamientos destructivos y sugestiones desintegradoras, hasta que se vuelven incapaces de crear otra condición mental, esa actitud mental positiva que crea y produce. Estamos empezando a comprender que no solo podemos controlar nuestros estados de ánimo y pensamientos, sino también nuestro entorno, ya que nuestro entorno es en gran medida una manifestación de nuestros pensamientos, sentimientos, emociones y actitud mental. Creamos nuestro propio mundo con nuestros pensamientos y motivaciones. Mientras mantengas una mente positiva y creativa, conservarás el coraje, la iniciativa y el buen juicio, seguirás siendo un creador y un productor. Sin embargo, en el momento en que te desanimes y te sientas triste, tu habilidad y tu mente se desmagnetizarán, volviéndose negativas, y dejarás de ser un creador o un productor. Tu determinación vacilará, tu juicio se debilitará y se volverá incierto, y todo tu reino mental se desmoronará. Mantén tu mente positiva al negarte a permitir la entrada de traidores como la duda, el desánimo, el miedo o la preocupación. Estos son tus enemigos mortales. No podrás alcanzar el éxito si los toleras. Expúlsalos. No dejes las puertas de tu mente abiertas a ellos.

Sé conocido como una persona de gran fe en relación con todo en el mundo; cree que todo está bien en el mundo porque Dios lo ha creado y ordenado. Confía en lo mejor en todo momento. Vive con éxito; interactúa con los demás como si ya hubieras alcanzado el éxito, llevando un aire de victoria y triunfo contigo; muestra que estás encaminado hacia la victoria. No temas al fracaso; no lo visualices; no pienses en la pobreza ni la temas, ya que esto tiende a darle realidad y aleja las cosas que deseas. Cuando dices: '¿Para qué soñar con cosas maravillosas que podrían llegar en el futuro? No hay un logro así reservado para mí. No soy un genio. Debo conformarme con una carrera común y corriente'. Estos pensamientos y afirmaciones negativas llenan el ambiente en muchos hogares y enfrían el vigoroso espíritu de los niños. Como resultado, sus ambiciones se desvanecen y sus ideales se marchitan y, como no tienen gran incentivo de vida, caen en una monótona rutina y muy por debajo del nivel que podrían haber alcanzado. Es un crimen no corregir la tendencia a lo negativo en la mente de un niño. No es muy difícil cultivar el hábito del pensamiento positivo y la acción positiva si se inculca desde temprana edad. Con los adultos, no es tan sencillo, pero sigue siendo posible.

Cuando anhelas algo que es perfectamente legítimo para ti, siembras la semilla de tu afirmación con total confianza en que florecerá en la realidad. Dite a ti mismo: 'Dios no hace distinciones entre las personas. No es injusto en el trato que dispensa a sus hijos. Todos tienen los mismos derechos y privilegios. A través de mi propio esfuerzo, recibiré lo que necesito y lo que pido. El día del más humilde y desfavorecido es igual en duración al del magnate más rico y poderoso. Puedo y lograré lo que deseo hacer. Seré lo que deseo ser'.

No importa lo que hagas, no debes formar en tu mente ni permitir que otros formen una imagen de ti como una persona débil, ineficaz y negativa. Si constantemente te menosprecias a ti mismo, las demás personas podrían creer que hay una razón para ello, que no eres merecedor, que hay algo sobre ti que desconocen, basándose en tu propio juicio. ¿Por qué los demás no deberían pensar mal de ti si tú mismo lo haces? Si mantienes una actitud mental negativa, tu vida será negativa. No puedes actuar de manera negativa sin obtener resultados negativos. Las personas negativas no emiten vibraciones vigorosas y positivas; son tan pasivas y susceptibles a las influencias de su entorno que sus mentes captan todas las vibraciones negativas de las corrientes mentales negativas que las rodean. Es completamente posible fortalecer nuestra mentalidad hasta el punto en que, sin importar las influencias conflictivas o las vibraciones de otras mentes negativas y discordantes, no reaccionemos ante ellas. Nos volvemos inmunes a los pensamientos negativos; podemos atravesar condiciones adversas sin verse afectados, porque no resonamos con el pensamiento y la condición negativa. Mantenemos nuestro equilibrio firme y positivo.

Vivir con un pensamiento fuerte nos fortalece. Aquellas personas que mantienen una actitud mental vigorosa y positiva, que poseen una decisión firme y una gran fe, tienen una mentalidad mucho más fuerte que las mentes negativas, porque habitualmente viven en una actitud mental más vigorosa. Una actitud mental positiva contribuye al crecimiento y la expansión mental. Todos conocemos a la persona negativa, aquella que nunca tiene una opinión propia y siempre busca el consejo de otros, dependiendo de los demás. El carácter negativo suele ser percibido como débil. En cualquier comunidad, las personas con actitudes negativas suelen pasar desapercibidas. En contraste, es la mentalidad positiva y vigorosa la que impulsa las acciones, la que provoca que las cosas sucedan. Las personas positivas forjan su propio camino, atreviéndose a ser diferentes, expresando sus opiniones con valentía. Estos individuos ganan el respeto y la confianza de la humanidad.

Muchas personas pasan por la vida haciendo cosas pequeñas debido a que su pensamiento negativo paraliza su iniciativa. No se atreven a emprender acciones importantes. La mente negativa, aquella persona que teme actuar y que constantemente duda, raramente logra mucho. Un líder se distingue siempre por sus cualidades positivas y gobierna a través de afirmaciones vigorosas. En él no hay espacio para lo negativo ni lo disminuido. La persona positiva, el líder natural, siempre se muestra asertiva, mientras que la persona negativa tiende a retraerse y anularse a sí misma, esperando que alguien más tome la iniciativa. Una de las visiones más desalentadoras en el mundo es la de alguien que nunca tiene una opinión propia, una persona sumisa que siempre está de acuerdo contigo, que nunca discrepa. De forma instintiva, despreciamos a alguien tan débil, a alguien que nunca se opone, que siempre dice 'sí, sí' a todo lo que decimos. Anhelamos líderes y creadores más que seguidores o imitadores. Ya tenemos suficientes personas dispuestas a depender de los demás. Buscamos individuos que confíen en sí mismos. Queremos que las personas sean educadas y entrenadas en sus habilidades de liderazgo, que se destaque y refuerce su originalidad e individualidad en lugar de ser suprimida.

Cualquier pensamiento negativo, así como actitudes mentales negativas, como dudar de la propia capacidad, vacilar en emprender cosas, el hábito de posponer, esperar condiciones más favorables y reconsiderar constantemente las propias decisiones, son enemigos mortales de la iniciativa. Si no cultivamos una actitud mental positiva, nuestra iniciativa será ambigua y débil, y la iniciativa es la líder de las otras facultades. Es el jefe del cerebro. Nunca debes olvidar que la fuerza que te impulsará hacia tus objetivos de éxito y prosperidad reside dentro de ti. No debes depender de otros para que te impulsen o te guíen, ni debes esperar que usen su influencia en tu favor. Tus recursos y activos se encuentran en tu interior, no en ningún otro lugar. Si te sientes paralizado por la responsabilidad de tomar decisiones, comienza por reconocer que, si deseas avanzar en el mundo, debes superar este hábito. La única forma de hacerlo es adoptar un nuevo hábito. Cada mañana, decide firmemente no permitirte dudar ni esperar a que alguien más te muestre el camino. Resuelve que durante todo el día serás un líder, no un seguidor; que no esperarás a que alguien te diga qué hacer y cómo hacerlo; que tomarás la iniciativa, comenzarás las cosas por ti mismo y las llevarás a cabo. Determina mantener una actitud mental positiva, ya que esto fortalecerá tus facultades, te dará una ventaja significativa y mantendrá tu mente alerta y abierta a oportunidades. No solo es necesario mantener una mente positiva, sino que para ser inmune a los enemigos de tu éxito y felicidad, tu mente debe ser vigorosamente positiva.

Cuando la mente está inundada de negatividad, llena de pensamientos sobre enfermedad, fracaso y pobreza, se vuelve crónicamente discordante y gradualmente se deteriora. Cultiva el hábito de hablar alto, no bajo, de hablar con optimismo, no pesimismo. Elimina la crítica, la búsqueda de defectos y las culpas de tu vocabulario. Uno de los primeros signos de deterioro en muchas mentes es la tendencia a ser negativo, a mantener una actitud discordante, agresiva, envidiosa y celosa. Esto es tan antinatural como la melancolía crónica, la tristeza y el desaliento. Estos indican una condición anormal o enferma de la mente. Intenta ver las cosas desde una perspectiva amplia y generosa; mantén una gran conciencia. Demuestra a todos que tienes una fe inquebrantable en la humanidad, en tu vocación y en ti mismo. Decide mantener todo lo negativo fuera de tu vida. Eres demasiado grande para sentir celos o envidia, demasiado grande para preocuparte o sentir ansiedad por tu carrera o tu futuro. Ser positivo hacia todo y todos con los que te encuentras en la vida es lo que realmente importa. Esta es la clave de la maestría, el éxito y la prosperidad.

CAPÍTULO 20

AHORRO Y PROSPERIDAD

Si quieres estar seguro de que estás empezando bien, comienza a ahorrar. El hábito de ahorrar dinero, a la vez que fortalece la voluntad, también estimula las energías. —Theodore Roosevelt.

Establece un compromiso contigo mismo para ahorrar una cantidad específica de tu salario cada semana. La pequeña diferencia entre lo que ganamos y lo que gastamos se convierte en nuestro capital.

El ahorro es el amigo de las personas y el constructor de civilizaciones.

La práctica del ahorro impulsa un desarrollo ascendente tanto en la vida de los individuos como en la de la nación, contribuyendo al sostenimiento y preservación del más alto bienestar de la raza.

Nada confiere tanta independencia a una persona en el mundo de los negocios como disponer de dinero en efectivo. Es 'la persona con el hábito de ahorrar en el banco, aquella que rara vez es pasada por alto, la que puede prosperar sin ti, pero sin la cual tú no podrías prosperar'.

Ahorro significa una gestión inteligente de lo que posees: dinero, tiempo, energías y oportunidades.

Benjamín Franklin es uno de los ejemplos más inspiradores de cómo la práctica del ahorro puede transformar la vida de los niños y niñas más pobres en esta tierra de oportunidades. Hijo de un humilde fabricante de velas y jabones y siendo el decimoquinto de diecisiete hijos, Franklin comenzó a ganarse la vida a los diez años trabajando en la tienda de su padre. Desde estos inicios modestos, por sus propios esfuerzos, se convirtió en uno de los hombres más grandes del mundo: un destacado patriota, científico, estadista, inventor, diplomático, filósofo, autor y, no menos importante, un notable humorista. Todo esto lo logró mediante la práctica del ahorro. Esto no significa simplemente economía en asuntos financieros, es decir, el gasto inteligente de sus ingresos, sino también como la inversión prudente de su tiempo y esfuerzo en todos los aspectos de la vida. Para Franklin, el ahorro significaba no solo prudencia en los negocios y el dinero, sino también la conservación de la salud, la energía, el capital vital y el desarrollo máximo de todos sus recursos naturales. Además de ser extremadamente ahorrativo, Franklin era también muy generoso, dispuesto a compartir hasta su último centavo con alguien en necesidad. Una de sus citas favoritas era: 'Dios ayuda a quienes se ayudan a sí mismos'. Y la primera lección para aquellos que desean ayudarse a sí mismos, según lo enseñado constantemente por él, es el Ahorro.

Encabezada con una imagen de Benjamín Franklin, el gran defensor de la economía, la Y.M.C.A. de Nueva York emitió una lista con este lema: "Haz que tu dinero signifique más". A continuación, presentaba los 'Diez Mandamientos para la Vida Financiera'.

1. Trabaja y gana.
2. Haz un presupuesto.
3. Registra tus gastos.
4. Mantén una cuenta bancaria.
5. Contrata un seguro de vida.
6. Adquiere tu casa propia.
7. Haz un testamento.
8. Paga tus cuentas puntualmente.
9. Invierte en valores confiables.
10. Comparte con otros.

Siguiendo estas 'reglas de éxito' como sugiere la lista, no solo desarrollarás una personalidad autosuficiente y vigorosa, sino que también establecerás las bases para una prosperidad duradera, satisfacción y felicidad. Todos sabemos que es más fácil ganar dinero que ahorrarlo. Por tanto, si hay un punto en los 'Diez Mandamientos' al que las personas con recursos limitados deben prestar especial atención, es el segundo: 'Haz un presupuesto'. Mantener un 'libro de presupuesto consciente' te ayudará a planificar de manera óptima el gasto de tus ingresos y a llevar un registro preciso de tus entradas y salidas de dinero.

Desde Benjamín Franklin hasta Sir Thomas Lipton, miles de personas exitosas en diversos campos han dado testimonio del valor del ahorro, o la economía, como un generador de riqueza y felicidad. Lipton afirmó que es 'el primer gran principio de todo éxito. Fomenta la independencia, el posicionamiento, aporta vigor, estimula con la energía adecuada y, de hecho, proporciona la mejor parte de cualquier éxito: la felicidad y la satisfacción'. A menos que establezcas como norma general apartar un cierto porcentaje de tus ingresos cada semana o cada mes, nunca alcanzarás una verdadera independencia. Siempre estarás sujeto a las circunstancias. No importa cuán pequeña sea la cantidad, o si tienes que renunciar a algunas cosas que crees necesitar, es vital poner una parte de tus ganancias cada año en un lugar absolutamente seguro. No sabes lo crucial que esto puede ser en caso de una emergencia inesperada, donde un poco de dinero puede salvarte de un gran sufrimiento o de la ruina financiera. El gasto prudente de los ingresos, por pequeños que sean, implica los mismos principios de inversión y manejo del capital que emplea una persona de negocios exitosa. En su camino hacia el éxito, esta persona aplica estos principios tanto en la gestión de sus asuntos personales y domésticos como en los directamente relacionados con su negocio.

Incluso los multimillonarios deben ser ahorrativos o sus millones podrían tomar alas. En su libro 'Triunfar con lo que tienes', Charles M. Schwab relata: 'Hace poco, los gastos de mi casa en Nueva York se dispararon. Llamé a mi mayordomo y le propuse: "George, hagamos un trato. Te daré el diez por ciento de los primeros mil dólares que ahorres en gastos del hogar, el veinticinco por ciento de los siguientes dos mil y la mitad de los tres mil". Como resultado, el costo de operar la casa se redujo a la mitad'. En otra ocasión, se le pidió a Marshall Field que identificara el punto de partida de su carrera. Él respondió que fue 'ahorrar los primeros cinco mil dólares que tuve, cuando podría haber gastado mi modesto salario. Poseer esa suma me dio la capacidad de aprovechar otras oportunidades. Eso considero mi punto de partida'. John Jacob Astor, el fundador de la fortuna Astor, afirmó que si no hubiera sido por el ahorro de sus primeros mil dólares, podría haber terminado en el hospicio.

Es verdaderamente patético ver a hombres y mujeres cultos y bien educados, con gran capacidad, pero sin sentido del ahorro, viviendo sin tener prácticamente nada delante de ellos, ¡gastando todo a medida que avanzan! Cuántas historias desgarradoras podrían relatar las organizaciones benéficas sobre personas que estuvieron en mejor situación, pero que perdieron todo su dinero; personas que nunca fueron capaces de ahorrar para 'un día lluvioso'. La seguridad y el sentido de protección que nos brinda la conciencia de tener un 'nido de huevos', una pequeña reserva para el futuro, es inmensurable. Nadie que viva sin orden ni previsión puede sentirse tranquilo o seguro. Cuántas personas pobres en nuestras grandes ciudades son constantemente puestas en la calle, a menudo cuando un padre u otro miembro de la familia está enfermo, porque no pueden pagar el alquiler, y esto se debe a la falta de entrenamiento temprano en el ahorro y en una economía inteligente; donde no se hizo ninguna provisión para una emergencia; nada reservado para un día lluvioso. No obstante, no simpatizo con la filosofía del 'día lluvioso' que caracteriza a muchas personas, ese miedo y terror a un futuro incierto, esa política de ahorro estrecha y mezquina. Tales personas suelen crear el mismo 'día lluvioso' que intentan evitar. En cambio, lo que merece nuestra aprobación es el buen juicio y la precaución sabia, una provisión razonable para necesidades futuras o emergencias, o para afrontar cualquier circunstancia que pueda afectar nuestra capacidad de ganancia, o cualquier pérdida que pueda surgir de un incendio o inundación.

El hábito del ahorro, el hábito de mantener una libreta de ahorro, es un indicativo del deseo de progresar y ascender en el mundo. Además, suele ser señal de muchas otras valiosas cualidades para el éxito. Raramente se encuentra el hábito de la libreta de ahorro en malas compañías. El hábito del ahorro no solo abre puertas a nuevas oportunidades, sino que también actúa como una protección contra nuestras propias debilidades, nuestra tendencia a ser crédulos, la tendencia a dispersar nuestras ganancias y a cometer imprudencias. Ahorrar dinero a menudo representa la salvación de una persona. Puede significar la eliminación de la extravagancia o la prevención de hábitos perjudiciales. Frecuentemente, implica salud en lugar de disipación, un cerebro lúcido en lugar de uno confuso y embrollado. Significa que la persona posee visión, previsión e inteligencia en la planificación y provisión para su futuro. De hecho, el hábito de ahorrar no es solo una de las piedras angulares de la riqueza, sino también del carácter.

Theodore Roosevelt una vez dijo sabiamente: "Si quieres estar seguro de que estás empezando bien, comienza a ahorrar. El hábito de ahorrar dinero, a la vez que fortalece la voluntad, también estimula las energías". En el momento en que una persona comienza a ahorrar dinero de manera sistemática y a realizar inversiones inteligentes, empieza a crecer. Adquiere una visión más amplia de la vida, más confianza en sí misma, en su capacidad y en su poder para asumir responsabilidades, para trazar su propio camino, para ser su propio líder. Al iniciar el aprendizaje de la lección del ahorro, ha dado el primer paso hacia el desarrollo de un carácter fuerte, el tipo de carácter que distingue a los mejores hombres y mujeres que han triunfado por sus propios esfuerzos, los 'Benjamin Franklins' del mundo.

Nada ayuda más a una persona a obtener crédito, ganancias y el apoyo de personas exitosas que la reputación de ser ahorrativo, de poseer el hábito de ahorrar, de tener algo reservado, ya sea en bonos del gobierno o en alguna otra forma de inversión. Este tipo de ahorro establece una buena posición.

Si deseas hacer realidad tus sueños de un futuro próspero, comprométete a ahorrar una cierta cantidad de tu salario. No importa cuán pequeña sea, o si tienes que renunciar a algunas cosas que crees necesitar; aparta este porcentaje de tus ingresos en un lugar absolutamente seguro. Esto podría representar riquezas para ti en el futuro.

Un poco de efectivo en mano atrae oportunidades. Conozco casos de personas que han tenido excelentes oportunidades para iniciar su propio negocio con solo quinientos dólares, y algunas incluso con menos. Hay fortunas que han comenzado con menos de mil dólares.

El jefe de cinco grandes tiendas en Nueva York me comentó que empezó su negocio con solo trescientos dólares. Frank Woolworth, fundador de la famosa cadena de tiendas de cinco y diez centavos, comenzó con aproximadamente trescientos dólares propios, complementándolos con préstamos hasta alcanzar los quinientos dólares. Aunque varias de sus primeras tiendas fracasaron, él no se dio por vencido. Tenía una visión, y sus modestas ganancias le permitieron respaldar esa idea y convertir sus sueños en realidad. A menudo, el verdadero poder del dinero no es plenamente apreciado por los hombres y mujeres jóvenes.

Esta es una tierra de oportunidades, donde constantemente surgen buenas opciones para aquellos que tienen dinero en efectivo. Es frecuente escuchar a personas lamentarse por haber perdido una oportunidad de inversión única debido a la falta de fondos. Muchas personas se han visto obligadas a dejar pasar espléndidas oportunidades por esta misma razón. A menudo se presentan grandes oportunidades a cambio de dinero en efectivo, pero solo un número relativamente pequeño de personas tiene los fondos de reserva o el efectivo necesario para aprovecharlas.

Algunas de las personas de negocios más astutas que conozco sostienen que no hay nada que recompense tanto a largo plazo como tener dinero en el banco, listo para una emergencia o para aprovechar una oportunidad inesperada o un buen negocio. Ofrece una gran sensación de seguridad saber que uno está preparado para cualquier eventualidad y que tiene efectivo disponible para asistirlo. La persona que ahorra nunca es sorprendida desprevenida. A nuestro alrededor hay muchas oportunidades para ahorrar, y los beneficios de hacerlo son incalculables.

Recibir una cantidad de dinero despierta el deseo de aumentarla y eso nos ayuda en los momentos en que estamos tentados a gastar. Es más sencillo decir "No" cuando te inclinas a gastar de manera imprudente o en cosas que realmente no valen la pena. Nuestros ahorros actúan como un constante aliento, un tónico, un estimulante. Los pequeños ahorros han prevenido que muchos jóvenes caigan en tentaciones que podrían haberlos paralizado o arruinado. La pequeña diferencia entre lo que ganamos y lo que gastamos es nuestro capital. Un poco de efectivo sugiere la posibilidad de establecer un hogar y abre maravillosas oportunidades en el camino hacia las comodidades, los medios de autocultura y crecimiento personal. Significa acceso a mejor lectura, mejores libros y publicaciones. Implica la posibilidad de un curso universitario para los hijos y protección para la vejez. Significa menos preocupación y menos ansiedad sobre el futuro, libertad del temor a la escasez, o al sufrimiento de aquellos a quienes amamos. Puede significar contar con un buen médico o un hábil cirujano, en lugar de un curandero barato, cuando la enfermedad entra en nuestro hogar.

Un destacado empresario expresó: 'Me han pedido definir el verdadero secreto del éxito, y en mi opinión, es el ahorro en todas sus facetas. El ahorro constituye el primer gran principio del éxito. Promueve la independencia, te empodera, te llena de energía, te estimula con la fuerza adecuada y, en realidad, te proporciona la mejor parte de cualquier éxito: la felicidad y la satisfacción'. ¿Acaso hay algo mejor que aspirar para tu futuro?

CAPÍTULO 21

COMO UNA PERSONA ESPERA, ASÍ ES

Nunca podemos obtener más de lo que esperamos. Si esperamos grandes cosas y mantenemos una actitud mental positiva hacia nuestro trabajo y nuestra vida, obtendremos resultados mucho mayores que si nos menospreciamos a nosotros mismos y solo buscamos pequeñas cosas.

El hábito de esperar grandes cosas de nosotros mismos saca lo mejor que hay en nosotros.

Nadie puede prosperar mientras verdaderamente espera, o incluso medio espera, seguir siendo pobre. Tendemos a obtener lo que esperamos, y esperar poco es obtener poco.

Pedimos cosas pequeñas, esperamos cosas pequeñas y, por lo tanto, limitamos nuestro suministro.

Hay un tremendo poder en el hábito de anticipar cosas buenas, en creer que alcanzaremos nuestros anhelos y que nuestros sueños se harán realidad. Miles de personas obstaculizan su éxito desde el principio al anticipar cosas malas, al esperar el fracaso y al creer que sus sueños nunca se harán realidad.

Cuando me gradué de la academia de New Hampshire, mi mayor motivación para seguir esforzándome fue que mi profesor favorito creía en mí. Al estrechar mi mano para despedirse, me dijo: "Mi niño, espero escuchar de ti, que el mundo escuche de ti en el futuro. No me decepciones. Creo en ti y puedo ver algo en ti que tú no ves en ti mismo". Solo hay una cosa más estimulante, más útil, en la lucha por el éxito que el conocimiento de que otros, como nuestros maestros, nuestros padres, nuestros amigos y parientes, creen en nosotros y esperan grandes cosas de nosotros; y eso es esperar grandes cosas de nosotros mismos. La diferencia entre lo que dos personas obtienen de la vida, lo que logran y lo que representan para los demás, depende de la diferencia en lo que esperan de sí mismas.

Un general que entra en una batalla esperando ser vencido será derrotado. Su expectativa de derrota se traspasa a su ejército, lo desmoraliza desde el principio y hace imposible que las personas den lo mejor de sí. Es lo mismo en la batalla de la vida. Entrar con la expectativa de la derrota es ser derrotado antes de comenzar. Si deseas tener éxito, debes mostrar tu expectativa de éxito en tu presencia. También debes vivir día a día con la expectativa de que cosas espléndidas llegarán a ti. Trabajar por una cosa y esperar lo opuesto solo puede llevar al fracaso.

Cada vez que dices que no esperas que haya nada especial para ti, o que consigas algo, o que hagas algo que valga la pena, estás neutralizando los esfuerzos que estás haciendo para ser, tener o hacer lo que quieres. Nuestras expectativas deben corresponder con nuestro esfuerzo. Si estamos convencidos de que nunca vamos a ser realmente felices, de que estamos destinados a seguir con el descontento y la miseria, sufriendo por el resto de nuestras vidas, tenderemos a obtener lo que esperamos. Tener la ambición por la felicidad y, sin embargo, siempre esperar ser miserable, continuamente dudando de nuestra capacidad de obtener lo que anhelamos, sea lo que sea, es como subirnos a un tren que se dirige hacia el este cuando nuestro deseo es ir al oeste. Debemos esperar ir en la dirección de nuestros deseos, anhelos y esfuerzos. Si deseas alcanzar el éxito en lo que estás intentando ser o lograr, debes darle la espalda al fracaso, borrar de tu mente cada pensamiento, imagen o sugerencia de fracaso, y dirigirte decididamente hacia el éxito.

Cuando alguien ha experimentado una serie de contratiempos y desilusiones, perdiendo la confianza en sí mismo y convencido de que no podrá recuperarse, solo hay una cosa que podemos hacer por él: intentar avivar su esperanza, restaurar su fe perdida y demostrarle que, siendo divinos, hay algo en su interior que nunca puede fallar; que él y su Creador son uno y que, trabajando juntos, son mayoría en cualquier situación.

Recientemente, recibí algunos manuscritos acompañados de una carta en la que el escritor expresaba: "Sé que lo que adjunto no tiene nada que ver con sus artículos, ya que no podría escribir como usted, sin importar cuánto lo intentara. No espero que quiera publicarlos, pero pensé en enviarlos de todos modos, considerando la posibilidad de que pudiera estar interesado". Al principio, este escritor me prejuzgó en contra de sus artículos debido a su autodesvalorización y la sugerencia de que no eran aptos para la publicación, anticipando que probablemente serían rechazados. Es como si una persona buscara empleo con una actitud desalentada, mostrando desánimo en su rostro y en cada acción, y le dijera a un posible empleador: "No creo que me contrate; no tenía muchas expectativas al presentarme, pero decidí intentarlo de todos modos. No tengo mucha confianza en mí mismo y no estoy seguro de si puedo desempeñar esta función. Sin embargo, daré lo mejor de mí si me da una oportunidad, aunque no creo que lo haga, ya que nunca tengo suerte en la búsqueda de empleo". Esto puede sonar ridículo, pero refleja la actitud mental de muchas personas hacia sus aspiraciones y esfuerzos. Nunca esperan tener éxito en lo que emprenden; nunca esperan la prosperidad, y mucho menos los lujos y refinamientos de la vida. Solo esperan el fracaso y la pobreza, sin darse cuenta de que esta expectativa fortalece el poder de su imán mental para atraer precisamente esas cosas, a pesar de que están tratando de evitarlas. Hace poco tuve una conversación con un hombre que ilustra claramente el impacto de esta actitud mental en nuestras vidas. Me dijo que durante muchos años había trabajado incansablemente, sin tomarse vacaciones ni descansos; trabajaba en festivos y la mayoría de los domingos, pero nunca lograba avanzar y no tenía esperanzas de hacerlo. En realidad, parecía que las circunstancias conspiraban en su contra y lo condenaban al fracaso. "Por supuesto que no has tenido éxito, amigo mío, porque nunca esperabas tenerlo", le dije. "Además, nunca te diste una oportunidad. Durante todo ese tiempo, temías y anticipabas la pobreza, el fracaso, la decepción, la limitación y la derrota en todo. Te has convertido en un imán para estas cosas y te has encaminado hacia el fracaso".

No necesariamente obtenemos aquello para lo que trabajamos; sino lo que esperamos que llegue a nosotros. Aquello que temes, así como lo que anhelas, se dirige hacia ti. Todos tus miedos, dudas y pensamientos de fracaso están tomando forma en tu vida, moldeando las condiciones a su semejanza. No importa qué tan duro trabajes para alcanzar tus objetivos, si constantemente albergas pensamientos negativos y desalentadores, si anticipas el fracaso en lugar del éxito, lo que esperas se materializará en tu realidad. En resumen, tus pensamientos son la fuerza creativa que modela y determina las circunstancias de tu vida.

John Burroughs, el ilustre naturalista, le dijo a una mujer que se lamentaba de que ningún pájaro visitara su huerto: "Debe tener pájaros en su corazón, señora, antes de que pueda encontrarlos en los arbustos". Lo que albergas en tu corazón, lo que crees que se manifestará, es lo que entra en tu vida. Nadie que crea que está destinado a realizar tareas modestas, que se conforme con una posición inferior y no aspire a ser más que un subordinado durante toda su vida, podrá lograr grandes cosas en este mundo. Por otro lado, aquel que espera mucho de sí mismo, constantemente tratando de abrir un poco más las puertas de su estrecha vida, ampliar su limitado conocimiento, llegar un poco más arriba, ir un poco más allá que aquellos que lo rodean, tal persona posee la disposición divina para impulsarse hacia empresas más nobles y la ambición de superarse a sí mismo.

No importa cuáles hayan sido las circunstancias de tu nacimiento, eres el arquitecto de tu carrera, el forjador de tu vida en términos de felicidad o infelicidad, éxito o fracaso. Esto es cierto para todos, hombres y mujeres por igual: "Ellos mismos son los creadores de sí mismos". Si deseas vivir una vida más rica, plena y feliz, debes expandir tus pensamientos hacia una vida más enriquecedora. Debes ampliar tu concepción de ti mismo y de tus potenciales. Debes esperar alcanzar tu ideal de quién eres y lo que aspiras a lograr. Porque, tal como uno espera, así será su nivel de felicidad y su calidad de vida. No importa qué meta estemos persiguiendo, es la esperanza y la expectativa de éxito lo que nos impulsa a dar lo mejor de nosotros, nos dota de la confianza que nos lleva al triunfo.

La diferencia más significativa, por ejemplo, entre el mejor vendedor y uno mediocre, radica en la diferencia de su actitud mental. "Golpeado antes de comenzar", "No creo que vaya a cerrar la venta", estos pensamientos resuenan en la mente de muchos vendedores. Cuando se esfuerzan por obtener un pedido, carecen de la esperanza, la expectativa de éxito, la confianza y la seguridad que presagian el triunfo. Estos vendedores desconocen la psicología del arte de vender, que implica mantener siempre en mente la convicción de éxito. Como resultado, se desmoronan ante la más mínima oposición. A pesar de tener la capacidad para ser vendedores de primera categoría, se quedan atrás debido a sus dudas y temores. Cada pequeña objeción planteada por un cliente los llena de pensamientos negativos y autodestructivos. Piensan: "Ahí voy a perder esta venta, lo siento. Ojalá pudiera lograr que firme, pero no creo que lo haga". No se dan cuenta de que están transmitiendo sus propias inseguridades a los clientes. No se necesita ser especialmente perceptivo para captar la atmósfera negativa y de fracaso que rodea a estos vendedores tímidos e inseguros. Los posibles clientes detectan de inmediato que no son ganadores. En lugar de ver la victoria en sus rostros, perciben la derrota. Si alguien lleva la derrota en su mirada, no puede tener éxito, sin importar cuánta habilidad posea. Su aura de fracaso repele a todos con quienes interactúa. Las mentes negativas nunca llegan a ser grandes vendedores ni logran grandes hazañas porque no construyen, sino que destruyen. Son destructivas en lugar de creativas. A menudo cierran las mismas puertas que desean abrir, y mientras intentan abrirlas, mantienen un pie de duda presionando contra ellas. Afirmar algo con la boca mientras albergan dudas secretas es como la mujer que oró para que Dios eliminara un montón de arena de su jardín, y cuando terminó de orar, miró y dijo: "¡Ahí está, justo como pensé! ¡Por supuesto que Dios no lo eliminó! Este es un problema común para muchos de nosotros. Oramos y trabajamos arduamente por las cosas que deseamos, pero cuando no las conseguimos, decimos: "Es justo lo que esperaba". No logramos lo que deseamos y anhelamos porque nos falta fe y convicción que respalden nuestros esfuerzos y oraciones. Como menciona Santiago en la Biblia, aquel que duda y carece de fe: "Que ese hombre no piense que recibirá cosa alguna del Señor". Algunas personas no entienden por qué los individuos malvados, crueles y sin escrúpulos a menudo triunfan en sus negocios. Lo hacen al aplicar la ley mental que establece que pensamientos similares producen resultados similares. Esta ley funciona con tanta certeza como cualquier ley física. No se trata de ética o falta de ética; es una ley científica, un principio inmutable y un hecho irrefutable. Lo que mantenemos persistentemente en la mente, en última instancia, se manifiesta en nuestro cuerpo y en nuestra vida, ya sea relacionado con nuestra salud, nuestro éxito o nuestra felicidad. Ignorar esta ley no nos protege de las consecuencias de su violación, del mismo modo que la ignorancia de nuestras leyes estatales o federales no excusa una infracción contra ellas.

Por eso es de suma importancia que los niños sean educados desde el principio en el pensamiento correcto. Cada niño debe ser criado para esperar grandes cosas de sí mismo, comprendiendo que el Creador lo envió aquí en una misión importante y que debe prepararse para una vida llena de logros. Como hijos de la Omnipotencia, del Todo, los seres humanos son herederos de todo lo que es; la salud, el éxito y la felicidad son su herencia divina. Cada niño debe crecer con la convicción de que las cosas buenas, en lugar de las malas, lo están esperando; que los deseos de su corazón, los anhelos de su alma, son profecías de lo que pueden llegar a ser si hacen su parte en la preparación completa de su trabajo de vida.

¿Te das cuenta de que tu entorno actual, tus logros y tu riqueza o pobreza están realmente moldeados por tus expectativas del pasado? ¿Qué esperabas de ti mismo hace años, cuando comenzaste en la vida? Si has sido fiel a tu visión de un futuro exitoso y esa visión ha sido respaldada por tu fe, habilidad, trabajo duro y esfuerzo inteligente, has estado trabajando en armonía con la ley y estás cosechando los frutos de tus pensamientos y esfuerzos. Por otro lado, si te encuentras lidiando con la pobreza, significa que has violado la ley, y tu única esperanza de mejorar tu situación es cambiar de rumbo y alinearte con la ley. Trabaja con la ley, no en su contra. Trabaja por lo que quieres, pero trabaja con confianza, esperanza y con la creencia de que lo obtendrás. Espera la felicidad, el éxito, el triunfo en tus emprendimientos; espera la salud en lugar de la enfermedad; espera la buena suerte en lugar de la mala suerte; espera la armonía en lugar de la discordia y los problemas; espera hacer amigos donde sea que vayas; espera pensar bien y representar algo en la comunidad. Esto es establecer una conexión con las cosas que deseas y por las que trabajas; es atraerlas hacia ti, porque, como una persona espera, así es; así se convierte en su realidad.

CAPÍTULO 22

ESTÁ A TU ALCANCE

Las personas que constantemente temen el futuro, que siempre ven obstáculos, peligros y dificultades en todas partes, y que están perpetuamente preocupadas por un "día lluvioso", no solo atraen aquellas cosas que temen, sino que también se privan de la alegría y felicidad de vivir.

Nunca serás nada más que un mendigo mientras pienses en la miseria, pobre mientras pienses en la pobreza, fracasado mientras pienses en el fracaso.

Entrénate persistentemente a mantenerte alejado del pensamiento de limitación, apartado del pensamiento de carencia, necesidad y suministro limitado. Pensar en abundancia y desafiar las limitaciones abrirá tu mente y establecerá corrientes de pensamiento hacia un suministro mucho mayor.

Cuando aprendemos el arte de ver abundantemente en lugar de escasamente, cuando aprendemos a pensar sin límites y no apretarnos con nuestro pensamiento restringido, descubriremos que lo que buscamos también nos busca a nosotros, y que mañana nos encontrará a mitad de camino.

ORISON SWETT MARDEN

Tú no heredas la pobreza, la miseria ni las humillantes limitaciones. La carencia y la necesidad no tienen nada que ver con los hijos de Dios. Tu herencia es rica, sublime más allá de toda descripción.

Cada vez que dices: "No está a mi alcance, esas cosas son para otros, pero no para mí", o "He sido pobre y he tenido que privarme toda mi vida, y creo que siempre será así", en realidad estás cerrando las puertas a la prosperidad. Si deseas alcanzar la prosperidad y la abundancia, debes eliminar de tu mente para siempre el pensamiento de que algo bueno para ti está fuera de tu alcance, cualquier cosa que contribuya a tu crecimiento o desarrollo. Todas las cosas buenas te pertenecen, son tu herencia divina y debes reclamarlas. El Creador quiere que sus hijos tengan suficiente y lo mejor de todo lo que sea bueno para ellos, lo que contribuya al crecimiento, a la expansión del carácter y a la felicidad. La idea de que la riqueza solo es posible para aquellos que tienen más ventajas, más habilidades o que han sido favorecidos por el destino, es falsa y desmoralizadora. El Creador ha otorgado a la humanidad el dominio sobre un mundo lleno de riquezas para todos, no solo para unos pocos afortunados. Si reclamamos nuestra herencia y trabajamos en armonía con sus leyes, tendremos la abundancia y la felicidad que él desea para nosotros. Seremos exitosos. No está en nuestra naturaleza ser pobres, sino en la evaluación mezquina y restrictiva que hacemos de nosotros mismos y de nuestros propios poderes.

Para mí, una de las cosas más lamentables del mundo es una familia donde los padres, debido a ideas equivocadas sobre la economía, no crían a sus hijos generosamente. Se niegan a proporcionarles la nutrición mental, el cambio, la variedad y la diversión que son esenciales para su máximo desarrollo. Cuántos padres, por temor a futuras necesidades, acumulan su dinero y

186

privan las mentes de sus hijos, obstaculizando su crecimiento y transformándolos en seres humanos pequeños en lugar de las magníficas personalidades que podrían haber sido si los padres hubieran invertido generosamente en su educación y desarrollo mental.

A menudo, las personas se ven obligadas a transitar por la vida con una lamentable ignorancia, y en muchas ocasiones, esto se debe a la negligencia de sus padres. Cuando eran niños, nunca recibieron la nutrición mental necesaria para desarrollar sus habilidades y su potencial. Ahora, en su vida adulta, se ven limitados a vivir en la mediocridad en lo que respecta a su intelecto y personalidad, porque nunca tuvieron una oportunidad justa. Sus habilidades y mentes nunca fueron debidamente preparadas para enfrentar la vida en toda su amplitud. Muchos de estos padres, quizás la mayoría, tenían la intención de ser generosos con sus hijos, pero la costumbre de ahorrar y el temor a la necesidad, que con el tiempo se convierte en avaricia, los mantuvieron postergando año tras año un deber y un privilegio. No enfocaron sus prioridades de manera adecuada y, como resultado, aquellos a quienes amaban más que cualquier otra cosa en el mundo se vieron perjudicados.

La verdadera economía no es sinónimo de avaricia ni tacañería, tampoco implica extravagancia ni mezquindad. Significa realizar gastos de manera inteligente, invertir de manera que produzca los mejores resultados. Es ser amable con nosotros mismos de la manera más amplia y científica posible. Implica tener siempre lo mejor que podamos pagar cuando se trata de nuestra salud física y mental, así como de nuestro crecimiento en eficiencia y poder. A menudo, esto implica un gasto bastante generoso, pero al mismo tiempo, es una protesta constante contra enfocar nuestras prioridades de manera incorrecta.

No te engañes a ti mismo al transitar por la vida eligiendo siempre las opciones más económicas, vistiendo ropa barata o aparentando desinterés por tu apariencia, bajo la creencia de que estás tomando decisiones sabias. Recuerda que la manera en que te presentas tiene un gran impacto en tu posición en la sociedad. El mundo nos acepta o nos rechaza en función de la impresión que generamos y de nuestra personalidad. La sensación de que no puedes permitirte esto o aquello, vivir constantemente en la economía más ajustada, limita tu vida, reduce tu horizonte mental, estrecha tu perspectiva y disminuye tu personalidad, dejando cualquier cosa menos una impresión favorable.

Gastar con sabiduría, ser ahorrativo, pero al mismo tiempo generoso en lo que contribuye a nuestros objetivos y causa una buena impresión, nos asegura un reconocimiento rápido y contribuye a nuestra promoción. A menudo, esta inversión es mucho más valiosa que simplemente guardar dinero en el banco. El secreto de la salud, el éxito y la felicidad radica, en gran medida, en ser amables con nosotros mismos, en ponernos en excelentes condiciones para poder alcanzar siempre nuestro máximo potencial y estar preparados para aprovechar las oportunidades que se presenten en nuestro camino. Cualquier cosa que impida a una persona alcanzar este nivel de eficiencia es una transgresión contra la verdadera economía.

Cada persona debería hacer un compromiso consigo misma desde el principio de que no se involucrará en falsas economías que disminuyan su vitalidad o eficiencia. Cualquier cosa que reduzca su poder, aunque sea en pequeña medida, es una economía pobre y poco científica. Esta política es beneficiosa tanto para el individuo como para el hogar y los negocios. Muchos negocios han fracasado porque los propietarios estaban obsesionados con economizar en detalles insignificantes, como reducir el gasto en gas o ahorrar en asuntos menores, descuidando las cuestiones fundamentales. Mientras ahorraban en una tontería aquí y allá, perdían clientes y quedaban rezagados en la competencia al no invertir lo suficiente en su negocio para mantenerse al día con sus competidores. Mientras el dueño se enfocaba en teorías de economía y trataba de ahorrar en detalles insignificantes, las oportunidades para obtener grandes ganancias se escapaban. En muchos casos, gastar de manera generosa es la mejor política empresarial. Dedicar tiempo y energía a pequeños ahorros a menudo resulta en la peor estrategia comercial. Para ganar dinero, a veces es necesario gastar dinero. Algunas personas se quedan atrapadas en el mundo de los centavos y nunca llegan al mundo de los dólares. Trabajan arduamente para ahorrar centavos, pero pierden dólares y la oportunidad de un mayor crecimiento y experiencia en el proceso.

Confucio dijo: "El hombre superior no está ansioso por temor a no obtener la verdad, no está ansioso por temor a que la pobreza venga sobre él". Muchas personas gastan demasiada energía preocupándose por la pobreza y la economía. Se aferran a la idea de que "no se pueden permitir" ciertas cosas y siempre sienten la presión de la idea del "día lluvioso", que ha estado arraigada en sus mentes desde la infancia, limitando su vida en todos los aspectos. Aquellos que no tienen mucho dinero, por supuesto, no pueden siempre hacer lo que contribuiría a su comodidad y eficiencia, pero muchas personas subestiman la importancia de ahorrar dinero en comparación con su bienestar físico y mental. El empoderamiento es un objetivo de gran ambición. Cualquier cosa que aumente el poder y el crecimiento, sin importar su costo, si está dentro de tu alcance, vale la pena su precio. Todos hemos conocido a hombres y mujeres "no me lo puedo permitir" y que llevan una vida llena de restricciones y limitaciones. Se quedan en hoteles baratos o pensiones, recorren largas distancias en el tren, llevando su almuerzo con ellos; rara vez compran periódicos, revistas o libros, no invierten en nada que aumente la mentalidad o enriquezca la vida; ponen en el banco o en otras inversiones cada centavo que puedan exprimir de una vida pobre. Pueden pensar que están ahorrando para beneficiar a sus hijos, sin embargo, desde cualquier punto de vista, es una economía sin visión. Apenas he conocido un caso en que el dinero sacado de las reales necesidades de la vida, fuera apreciado por quienes lo heredaron, por no mencionar el empobrecimiento y envejecimiento de aquellos que lo acumularon con tal sacrificio.

Con frecuencia, los ahorros ganados con esfuerzo y sudor resultan ser un obstáculo para los jóvenes herederos, ya que les impiden usar sus habilidades y desarrollar su independencia y vigor. Muchas familias viven constantemente bajo la influencia abrumadora de la conciencia de escasez, carestía y necesidad, convencidas de que las cosas buenas de la vida están reservadas para otros, pero no para ellas. Como resultado, nunca experimentan nada más que escasez, carestía y limitación. Miles de niños crecen en un entorno donde se les dice constantemente que no pueden permitirse las cosas que otros tienen, y eventualmente se convencen de que nunca podrán tenerlas. Su creencia en la pobreza cierra la puerta a la abundancia. Mantienen pensamientos pequeños y, como resultado, experimentan situaciones limitadas. Aceptar la mediocridad y estar parcialmente satisfecho con ella generalmente lleva a tener aún menos, ya que esta actitud mental no es creativa ni atrae la abundancia y el éxito.

La conciencia de "No puedo permitírmelo" o la conciencia de "No tengo nada" te acercan cada vez más a la realidad de que realmente no puedes permitírtelo, de la misma manera que la mentalidad de "Puedo permitírmelo" te acerca a la posibilidad de que realmente puedes permitírtelo, porque "quien cree que puede,

puede, y quien cree que no puede, no puede". No podemos hacer lo que pensamos que no podemos hacer, y no podemos lograr lo que creemos que no podemos lograr.

Si te encuentras empobrecido es porque has tenido una mentalidad empobrecida, es decir, una actitud mental empobrecida y una convicción de pobreza, lo cual ha cortado tu suministro. El pensamiento de pobreza y la convicción de la pobreza son como gigantes colosales que luchan contra las personas y derrotan a miles de ellas. Solo aquellos que conocen el secreto pueden vencer a este gigante, como lo menciona el Dr. W. John Murray, aquellos que pueden esperar escapar del golpe fatal de este gigante. Conozco a personas que disfrutan de buenas condiciones económicas, pero viven completamente atrapadas en una mentalidad de pobreza. Siempre están en busca de ofertas, comprando cosas baratas, comida barata, ropa barata, muebles baratos, todo barato. El resultado es que estas compras baratas a menudo no lucen bien ni son duraderas. Aunque creen que están ahorrando dinero, en realidad terminan gastando más en reemplazar constantemente los productos baratos que se rompen, en comparación con invertir en productos de calidad que durarían mucho más y brindarían una mayor satisfacción. Entrar en la corriente de lo barato no solo reduce y estrecha la vida, sino que también deteriora el gusto y la apreciación por la calidad, del mismo modo que un piano barato en un hogar, un piano que siempre está desafinado, tiende a deteriorar el gusto musical de los miembros de la familia. Los cazadores de ofertas casi siempre son víctimas de una economía falsa, y en este aspecto, las mujeres a menudo son las más afectadas. Dedican horas, e incluso la mayor parte del día, visitando múltiples tiendas en busca de descuentos, esforzándose por ahorrar unos pocos centavos en compras pequeñas. En ocasiones, terminan comprando prendas de vestir y otros artículos de calidad inferior solo porque tienen un precio más bajo, a pesar de ser conscientes de que estos productos no lucirán tan bien ni serán duraderos. Lo paradójico es que, a menudo, estas personas compran muchas cosas que no necesitan, solo porque son baratas y luego presumen de cuánto han ahorrado. Si estas mujeres calcularan el gasto total de este comportamiento durante un año, se darían cuenta de que, aparte del tiempo perdido y el desgaste personal, en realidad terminan gastando más que si simplemente hubieran comprado lo que realmente necesitaban cuando lo necesitaban y hubieran pagado el precio regular por ello. Es lamentable que muchas personas ambiciosas con nociones equivocadas sobre economía rara vez adquieran alimentos de alta calidad capaces de promover la salud física y fortalecer la mente. Al privarse de lo que fortalecería su poder físico y fomentaría su fuerza mental, estas personas, que realmente tienen el potencial de lograr cosas valiosas, a menudo avanzan lentamente hacia la mediocridad.

Un agricultor con ambición selecciona las mejores mazorcas de maíz y los mejores granos, junto con las frutas y verduras de mayor calidad, para su próxima siembra. Él no pone semillas pobres en su preciado suelo. ¿Puede una persona con ambición esperar alcanzar su máximo potencial si se permite consumir alimentos baratos y añejos, que carecen o han perdido gran parte de los elementos energéticos esenciales? ¿Puede permitirse perjudicar su salud tratando de ahorrar un poco de dinero a expensas de permitir que su energía languidezca o incluso se extinga? Nadie que aspire a lograr algo importante en la vida puede darse el lujo de nutrir su mente con un combustible de calidad inferior. Hagas lo que hagas, por muy pobre que seas, no escatimes ni intentes economizar en alimentos, ya que son la fuente vital, el fundamento y el secreto de tu éxito en la vida.

Para convertirte en una persona superior, debes consumir alimentos de calidad superior, y esto no constituye un lujo innecesario. No puedes construir un cerebro de alto rendimiento a partir de alimentos baratos, de calidad inferior o adulterados que consumes en un mostrador de comida económica. La diferencia radica en la calidad, no en la cantidad, lo que convierte esta inversión en algo inteligente en lugar de una decisión insensata. Por ejemplo, en ocasiones, puede ser más rentable gastar cinco o incluso diez dólares en una cena donde tienes la oportunidad de escuchar a personas destacadas. En otras palabras, siempre vale la pena sumergirse en un entorno más enriquecedor y provechoso.

Es muy valioso aprender sobre las experiencias de personas que han alcanzado el éxito en áreas similares a las que nosotros estamos persiguiendo. Incluso si sus logros no se encuentran dentro de nuestro ámbito específico, los principios que los llevaron al éxito son, en su esencia, muy similares en cualquier campo. El éxito atrae el éxito. El dinero atrae dinero. La prosperidad atrae la prosperidad, y te permite conectar con personas que han logrado el éxito de manera honorable. De ellos emana una energía de éxito que ninguna persona con aspiraciones nobles puede permitirse ignorar.

Una economía estrecha y limitada nunca fue pensada para los hijos de Dios. Hay una vida más amplia y completa para ellos. El ser humano fue creado para cosas buenas, para grandes logros y para tener todo lo que pueda contribuir a su pleno crecimiento y desarrollo. Si uno se condena a sí mismo a llevar una vida limitada con recursos escasos, no tiene a nadie más a quien culpar que a sí mismo. Nuestra situación actual es el resultado de nuestras palabras, pensamientos, convicciones y esfuerzos. Si constantemente piensas y dices: "No puedo permitirme hacer esto" o "No me permitiré aquello" o "El dinero es muy escaso", estás sembrando la semilla que te dará una cosecha similar. Tu mentalidad de escasez limitará tu futuro tanto como tu presente. Pero no deseas eso, y ahora sabes cómo evitarlo.

CAPÍTULO 23

CÓMO SER LA PERSONA QUE DESEAS SER

Deberíamos evaluarnos a nosotros mismos según lo que sentimos que somos capaces de hacer, no solo por lo que hemos logrado. Nada te impulsará a alcanzar tanto como creer en tu propia grandeza inherente y en tus posibilidades divinas.

Existe un poder dentro de ti que, si lo descubres, te convertirá en todo lo que alguna vez soñaste o imaginaste que podrías llegar a ser.

No tengas miedo de pensar demasiado alto de ti mismo. Si el Creador te hizo y no se avergüenza de su obra, definitivamente tú no deberías avergonzarte. Él realizó su obra con excelencia, y tú debes honrarla.

Mantén de manera persistente el pensamiento de que estás progresando eternamente hacia algo más elevado en cada átomo de tu ser. Esto te hará crecer y enriquecerá tu vida.

La constante lucha por alcanzar un elevado ideal es la única fuerza en el cielo y en la tierra que puede crear una vida grandiosa. Esa visión que se aferra a tu corazón, ese anhelo de tu alma de hacer algo significativo, ese sueño de un gran logro que persigue tu imaginación, no es una simple fantasía ni una irrealidad fantástica, es una profecía de las grandes cosas que lograrás si permites que tu ser superior trabaje para ti.

El eminente psicólogo William James afirmó: "El individuo promedio desarrolla menos del diez por ciento de sus células cerebrales y menos del treinta por ciento de su potencial eficiencia física. Todos vivimos por debajo de nuestro máximo potencial de logro". Imaginemos por un momento que un ser humano, debido a la falta de nutrición adecuada o a un accidente durante la infancia, solo alcanzara el diez por ciento de su altura física potencial y solo el treinta por ciento de su peso normal. Sería una verdadera lástima, ya que el Creador había proporcionado todo lo necesario para que se desarrollara plenamente. Sin embargo, en lo que respecta al plan de Dios para el individuo, la mayoría nos hacemos enanos a nosotros mismos. No nos quedamos cortos solo un diez, veinte o treinta por ciento, sino un cien por ciento de nuestro potencial de desarrollo. Incluso aquellos que han alcanzado las cimas de los logros humanos, como Miguel Ángel, Beethoven, Shakespeare, Milton, Dante y otros grandes hombres y mujeres en todos los campos creativos, nunca llegaron al máximo de su potencial de logro.

Un día, durante una visita a California, quedé asombrado al contemplar un árbol gigante que tenía un hueco en su interior. En ese hueco, el general John C. Fremont, conocido como el "Conquistador de las Rocosas", vivió durante meses durante una expedición de inspección del gobierno. Más de cien soldados habían ocupado el tronco de este impresionante árbol al mismo tiempo. En las cercanías, se encontraba otro árbol que superaba los noventa metros de altura, y se estima que contenía alrededor de sesenta mil metros cúbicos de madera, suficiente para construir todas las casas de un pequeño pueblo. Mientras observaba estos inmensos troncos y ramas, me llegó el pensamiento de que si las mismas semillas que dieron origen a estos gigantes del bosque hubieran sido plantadas en un país del norte con un clima frío y un suelo pobre en nutrientes, a pesar de recibir el mejor cuidado, habrían sido enanos en vez de gigantes. En lugar de tener la capacidad de albergar a un grupo de soldados o de proporcionar suficiente madera para construir casas para toda una aldea, habrían sido simples arbustos, pigmeos en vez de los gigantes que podrían haber llegado a ser en condiciones adecuadas para su desarrollo. Así como las condiciones desfavorables en el reino vegetal pueden empequeñecer a un posible árbol gigante y convertirlo en un pigmeo, lo mismo ocurre en el reino animal, donde las condiciones desfavorables pueden reducir a un posible gigante y hacerlo un pigmeo. Sin embargo, a diferencia de los árboles, los seres humanos tienen el poder de cambiar, alterar y mejorar su entorno. Están destinados a dominar su entorno y a modificar las condiciones a su voluntad. Tienen la capacidad de superar todos los obstáculos que puedan obstaculizar o retrasar su máximo desarrollo posible. En otras palabras, si las condiciones son adecuadas, cada bellota puede convertirse en un gran roble, pero cada ser humano, sin importar las condiciones desfavorables que enfrente, si así lo desea, puede convertirse en una gran persona. El desarrollo de las personas depende en gran medida de su ideal de sí mismas, de la imagen mental de su apariencia y entorno que constantemente visualizan. Mientras pensemos que somos simplemente seres humanos, descendientes de Adán, heredando únicamente sus debilidades y limitaciones, y estemos convencidos de que somos víctimas indefensas de la herencia, las circunstancias y el entorno, nunca podremos expresar nada más que mediocridad, debilidad e inferioridad.

Un gran artista que ponía toda su alma en su trabajo nunca contemplaba imágenes inferiores, ya que afirmaba que, si lo hiciera, se familiarizaría con ideales artísticos deficientes y su propia creatividad se vería contaminada por la mediocridad. Es la familiaridad con un ideal débil e inferior de nosotros mismos lo que nos limita y obstaculiza nuestro desarrollo. Mientras creamos que somos personas pobres, ineficaces e inferiores, ningún poder en el mundo podrá transformarnos en algo distinto. Nuestra actitud mental establece los límites de nuestro crecimiento. Nada nos rescatará de nuestra propia creencia en nuestra inferioridad e incapacidad para elevarnos por encima de las limitaciones que nos aprisionan. El Dr. James J. Walsh afirmó: "De hecho, tenemos muchas facultades que generalmente no utilizamos. Hemos adoptado el hábito de no conocernos a nosotros mismos". Este hábito de no conocernos a nosotros mismos es lo que lleva a la gran mayoría de las personas a subestimar su potencial. Evalúan su capacidad en función de sus logros pasados o de las expectativas de los demás, y de esta manera, avanzan lentamente por el estrecho camino de la inferioridad, sin aprovechar su verdadero poder. A menos que un amable incidente intervenga para despertarlos, esos individuos con un gran potencial permanecen sin descubrir, y pasan a la eternidad sin haber explorado sus casi ilimitadas capacidades ocultas. Recientemente, conocí a un hombre que había avanzado lentamente y de manera poco destacada durante lo que generalmente se considera la época más productiva de la vida, sin mostrar ninguna habilidad especial. De hecho, había experimentado varios fracasos en sus intentos. A pesar de su falta de confianza en sí mismo, perseveró hasta lograr el éxito en el ámbito comercial. Su triunfo despertó a un hombre nuevo en su interior y le proporcionó una sensación renovada de poder. Nunca volvió a ser el mismo. Desarrolló una confianza y seguridad en sí mismo mucho mayores. La visión de un nuevo potencial que había descubierto en su interior le abrió los ojos a sus posibilidades, y rápidamente desarrolló habilidades comerciales excepcionales que antes no sabía que poseía. Su perspectiva y sus métodos de negocios cambiaron por completo. La timidez, la indecisión, la desconfianza, una política de vida inestable e incierta se fueron para dar paso a la audacia, la confianza en sí mismo, la rapidez y la firmeza en sus decisiones. Ascendió rápidamente para convertirse en una figura de gran influencia financiera y líder en su comunidad. Había descubierto la fuente oculta que abrió las puertas de su vida y le permitió ver sus recursos divinos.

No es lo que has hecho o dejado de hacer en el pasado lo que importa, sino lo que eres capaz de hacer ahora; no se trata de quién eres en este momento, sino de lo que sabes que eres capaz de llegar a ser. Estos son los aspectos fundamentales en tu vida. Lo que piensas de ti mismo y lo que crees que puedes lograr son mucho más importantes que las opiniones de los demás o lo que creen que es posible para ti. Este concepto es de inmensa importancia para ti, ya que no comenzarás a desbloquear tu potencial completo hasta que conozcas tu verdadero ser, el "Yo" más grande que llevas dentro. Incluso después de lograr asombrosos logros individuales a lo largo de setenta y cinco años, Thomas A. Edison afirmó que la humanidad todavía estaba en una etapa de desarrollo similar a la de los chimpancés y apenas había comenzado a comprender su entorno. El despliegue de los poderes ocultos del ser humano ha avanzado rápidamente en tiempos recientes, pero este avance en el progreso individual palidecerá en comparación con los desarrollos que presenciaremos en este siglo. Ningún nombre en el Salón de la Fama, ni ningún líder en ningún campo de trabajo, es inmune a ser reemplazado por alguien que aún es un desconocido. Es posible que en este momento, en este continente, haya alguien que romperá todos los récords previos en música, arte o literatura. Es posible que un empleado de hoy se convierta en un comerciante que supere a los más destacados del mundo mañana. Alguien más grande que Shakespeare ahora puede estar en pañales. Cuando cada ser humano despierte a su genio dormido y libere al gigante que lleva dentro, crearemos un mundo de personas excepcionales y una raza de dioses. El autor John Drinkwater, conocido por su obra "Abraham Lincoln", afirmó: "Aquel que comprende plenamente que es el más apto asume el liderazgo entre los hombres, no solo durante su vida en la tierra, sino también en la historia que se forjará después de él. Durante muchos años, no ha habido registro de alguien que haya comprendido esto tan profundamente en su ser como Abraham Lincoln".

No importa cuán humilde sea el origen o el entorno de una persona; cualquiera puede convertirse en alguien excepcional si saca lo mejor de sí mismo y comprende, hasta lo más profundo de su ser, su propia capacidad. Sin embargo, solo en raras ocasiones alguien llega a este punto, donde su poder completo se manifiesta completamente, como en el caso de un individuo como Lincoln. Es importante recordar que muchas de las minas más ricas del mundo fueron abandonadas en repetidas ocasiones antes de que exploradores dedicados y perseverantes descubrieran su riqueza oculta. Estos hombres no se conformaron con excavar superficialmente, sino que descendieron a las profundidades de la tierra hasta encontrar el tesoro que buscaban. Se enriquecieron enormemente, mientras que sus compañeros que se dieron por vencidos o quejaron y lamentaron, sin dedicar suficiente tiempo ni energía, sin tener la fe suficiente en su potencial para excavar más profundamente, terminaron en la pobreza. Conozco la historia de un hombre que hipotecó todo lo que poseía, pidió préstamos hasta el límite y llegó a vender su ropa para reunir suficiente dinero para excavar más profundo en un pozo que otro buscador había abandonado. Al ir apenas unos metros más allá, este hombre descubrió una de las minas de plata más ricas de este continente.

Las personas que nunca alcanzan grandes alturas, los que experimentan el fracaso, son como los buscadores que solo cavaron un poco y luego se rindieron, terminando sus vidas en la pobreza y la desdicha cuando podrían haber alcanzado riquezas más allá de sus sueños. Hay miles de personas en el gran ejército de los fracasados, que tenían el potencial para convertirse en líderes en sus campos o en la industria, pero que, en cambio, se contentaron con posiciones inferiores. Entre ellos se encuentran empleados con habilidades sobresalientes, hombres y mujeres que podrían haber superado a sus empleadores, pero que nunca tuvieron la firmeza de carácter, el coraje y la perseverancia para profundizar lo suficiente y descubrir su riqueza oculta. Se conformaron con cavar solo un poco en la superficie de su ser y luego se dieron por vencidos.

Hay tanto material de éxito; hay tantas potencialidades de éxito en aquellos que fracasan como en aquellos que triunfan. El problema principal con la mayoría de los fracasados es que nunca excavan lo suficientemente profundo en sí mismos para liberar al individuo más grande que se esconde en su interior. Miles de hombres y mujeres nunca descubren su verdadero ser porque sus búsquedas son superficiales. No reflexionan profundamente ni trabajan de manera adecuada. No dedican sus esfuerzos con la intensidad necesaria para abrir la puerta a sus posibilidades latentes.

La pregunta que debes hacerte es si estás dispuesto a conformarte con una vida en la que no alcanzas tu máximo potencial, cuando en tu interior sabes que puedes ser mucho más. ¿Estás dispuesto a esforzarte con la determinación de un gigante para liberar tu grandeza, o simplemente te sentarás a esperar la suerte o a depender de factores externos, como el capital o la ayuda de otros? De esa manera, nunca lograrás desarrollar el ser más grande que Dios ha depositado en ti. El único poder que puede liberar al gigante en tu interior se encuentra dentro de ti mismo. Ni siquiera Dios puede desarrollar la "bellota humana" que elige permanecer como un roble enano, en lugar de convertirse en el gran roble humano que estaba destinado a ser según el plan del Creador.

WISDOM COLLECTION

Sabiduría de Ayer, para los Tiempos de Hoy

www.wisdomcollection.com

www.ingramcontent.com/pod-product-compliance
Lightning Source LLC
Chambersburg PA
CBHW051754040426
42446CB00007B/355